Hubert-Félix EDJO'O ZEH

Demain: Quels visages ?

Hubert-Félix EDJO'O ZEH

Demain: Quels visages ?

(Pour mon pays)

Éditions Muse

Imprint

Cover image: www.ingimage.com

Publisher:
Éditions Muse
is a trademark of
International Book Market Service Ltd., member of OmniScriptum Publishing Group
17 Meldrum Street, Beau Bassin 71504, Mauritius
Printed at: see last page
ISBN: 978-620-2-29662-5

DEMAIN : QUELS VISAGES ?

(Pour mon pays)

Hubert-Félix Edjo'o Zeh

Demain : Quels visages ?

(Pour mon pays)

« Ma bouche sera la bouche des malheurs qui n'ont point de bouche, ma voix, la liberté de celles qui s'affaissent au cachot du désespoir. » Aimé Césaire *cahier d'un retour au pays natal,* imprimé en France Édition présence Africaine Paris 5e N° 29, 15 Octobre 1973, p 61

Demain : Quels visages ?

(Pour mon pays)

PROLOGUE

L'histoire que nous sommes appelés à lire, à parcourir à travers la plume et l'écriture est une recette pleine d'ingrédients qui, sont des maux minant non seulement les sociétés mais aussi les hommes au sens propre et général du terme.

Tout d'abord elle nous présente un jeune homme du nom de **MIANE** qui, plein de rêves, de désirs et de se faire une place dans la société dans laquelle il évolue et est appelé à évoluer ; va se décider à quitter son petit village natal pour, essayer de faire ses preuves dans la ville d'Ebolowa capital de la région du Sud Cameroun.

Ce dernier venant d'obtenir son **CEP** (certificat de fin d'études primaire) et se disant que à travers ce diplôme fraichement eu, il pourrait déjà non seulement trouver du travail , s'occuper de ses parents et être compté parmi les élites de son village.

Il avait sans le savoir les yeux plus gros que le ventre car, loin de s'imaginer que la réalité qui allait bientôt le rattraper non seulement le fera remettre les pieds sur terre mais lui donnera une parfaite école de la vie.

Tout d'abord vendeur à la sauvette, il découvrira le goût non seulement de l'effort mais aussi celui de l'amertume que l'on peut ressentir quand on se sent trahit par une personne que l'on prenait pour un ami.

Il pourra se ressaisir mais, finira par sombrer dans des comportements déviants (consommation de drogue, d'alcool, viol de femme, vol etc.) à cause du phénomène de corruption et de tricherie ne valorisant pas ses efforts, son intelligence et son sens de l'application au travail.

Cette tare social va conduire le jeune héros de notre histoire a non seulement se rebeller mais à devenir une proie facile pour, des hommes aux esprits mesquins et sans scrupules qui, vont se servir de sa naïveté et de son chagrin pour le transformer en parfait cyborg (froid et de marbre).

Cela va le conduire très loin de ses racines vers une toute autre réalité voire une toute autre vie. Le voilà loin de ses terres mais aussi de ses parents. Il finira par apprendre **le Foulfouldé** ceci pour, essayer de s'intégrer.

Ayant cette obsession de s'occuper correctement de ses parents et d'être cet-homme respecté de son village il finira par se retrouver dans de beaux draps car, contraint de tuer afin d'éviter tout éventuel accident fâcheux à ses parents. Une fois de plus il ne s'avait guère qu'il faisait l'objet d'un chantage, d'une manipulation par ses bourreaux.

Il finira par devenir comme eux à tel point qu'il sacrifiera des jeunes vies à travers le phénomène de **Kamikaze** et détruira des vies par le viol et l'assassinat.

Qui était-il devenu au fond lui-même ne le savait plus. Après avoir constaté qu'ils étaient déjà en position de faiblesse je veux bien sûr parler du groupe de destructeurs auquel il en était membre ; il réussit par s'évader de **l'Extrême Nord** du pays et parvint à atterrir dans la région du **Sud-ouest Cameroun** plus précisément de **LEBIALEM** où, il va tout d'abord se fondre dans la masse et finir par adhérer à un groupe de rebelles sécessionnistes.

Dans ce groupe, il apprendra à être plus cruel et va même aller jusqu'au cannibalisme sous prétexte que cela lui procurerait une puissance, une forme de gilet par balles face aux tirent ennemies.

Il deviendra en fait une personne dépourvu de tous sentiments humain et manipuler une fois de plus par des individus lui faisant croire que le pays va si mal que ça et qu'ils en sont la solution.

Cependant, comme on le dit le plus souvent si l'on chasse le naturel, il revient toujours au gallot. Naturellement c'était un garçon aux bonnes intentions qui ne voulait avoir que le stricte minimum pour vivre et qui pensait fermement que le mérite et l'effort donnaient toujours leurs lots de bons fruits. Il n'a qu'été l'instrument des hommes et de certaines tares sociales comme la corruption, le mensonge, le tribalisme, le goût du pouvoir… et avait oublié que l'Etat parfois n'est pas à l'origine de certains de nos maux. C'est tout à fait normal qu'il soit montré du doigt quand ça ne va pas mais, peut-on guérir un mal en engendrant plus de mal ? Personnellement je ne pense pas. Pour ce qui est de trouver des solutions à nos problèmes, il faut oser des dialogues, des grèves pacifiques et même utiliser à bon escient les réseaux sociaux qui, sont très important pour aussi se faire entendre.

Le retour à la normal de notre jeune ami fut la vue de cet-enfant qui, d'un regard triste, perdu et désemparé semblait lui demander : pourquoi me fais-tu cela ? Pourquoi faire de moi une Orpheline ? Pourquoi détruire si tôt mon avenir ? Pourquoi ; pourquoi ?

Le déclic fut total lorsque son camarade de barbarisme vint sur les lieux et abattit l'enfant devant ses yeux. Il comprit que c'était plus le visage que non seulement ses parents savaient de lui mais aussi son tendre pays que la mère de l'Afrique en chanson **Myriam MAKEBA** appelait « **beautiful country Cameroon** ».

Il va avoir la chance de sa vie lorsqu'il entendra le chef de l'Etat demander aux jeunes responsables de ces atrocités de déposer les armes et proposera même un grand dialogue national où, chacun est libre de venir non seulement s'exprimer mais aussi d'ouvrir son cœur à la nation ami et frère.

Le jeune homme ne va pas tergiverser longtemps et va se lancer à la récupération d'une vie normale où, il fait bon vivre dans la paix et non dans ce tourbillon de violence.

Il finira avec une amie à lui par déposer leurs armes et à se rendre dans la difficulté au grand dialogue national. Une fois la bas, le jeune homme se fut confier la lourde tâche de dire aux jeunes les réalités qu'il a vécu et faites pour que ces derniers comprennent que la paix est un trésor à chérir et qu'ils doivent avoir des agissements responsables et préserver l'héritage qu'ils ont ; tout en évitant par la même occasion de détruire des vies innocentes.

Il finira par vivre un retournement de situation. Il va en fait être rattrapé par son passé dans une campagne de sensibilisation mais, finira par faire face et réussir à trouver le bonheur. Ceci sera possible par son humilité, sa sincérité et son désir de réparer son erreur.

Néanmoins, vouloir s'unir aux autres n'est pas souvent aussi aisé qu'on le pense surtout s'ils sont étrangers à nos us et coutumes. C'est l'autre guerre que notre jeune ami mènera dans sa propre famille car, ses parents plus particulièrement son père ne connaissent pas le concept de vivre ensemble surtout quand il s'agit de personnes étrangères à leur ethnie. Il finira ; ce père rigide par comprendre que l'ouverture aux autres est une source intarissable d'apprentissage et de découvertes de diverses formes.

Les textes qui sont à parcourir tout au long de votre lecture sont riches d'enseignement et nous font voyager dans des mondes à la fois attrayants et dramatiques. Cependant le tout n'est pas de lire mais, de comprendre l'importance des mots et des lignes car, les mots ont une autre porté quand on sait les décoder et surtout les comprendre et les intégrer. Sachons aussi qu'une famille n'est pas que celle qui nous est vu naître et grandir mais, c'est tout ce monde-là, que nous rencontrons et partageons avec eux des bribes de notre histoire.

PARTIE I

LE GRAND DÉPART.

MIANE qui, est un digne fils du village **Enieñg**, est un élève qui faisait la classe du cours moyen 2e année et, venait d'obtenir, son certificat de fin d'études primaires communément appelé **C.E.P.**

Ce jeune garçon à des envies, de faire de grandes choses pour sa communauté au village et, se dit qu'après avoir obtenu son **CEP** ; qu'il avait déjà atteint l'immense strate de la connaissance c'est-à-dire, du savoir et qu'il pouvait déjà, être capable de pouvoir subvenir aux petits besoins de sa famille car, il se voyait déjà dans le panthéon des élites. Alors, un beau jour, **MIANE** dans sa petite forêt nommée **NKondé Ndji** entrain, de faire son petit champ d'arachides et, nous sommes ici au mois **d'Août**. Il se dit qu'il va pouvoir, être capable d'affronter la cité capitale du Sud Cameroun nommée **Ebolowa.**

Dès, ses premiers coups de machette une heure après, il stoppa net et se dit ok ! Voilà, nous y sommes, je vais essayer de parler de mon projet à mes parents et, me préparer pour enfin, aller à la cité capitale. Parce qu'il voulait en fait y aller et, trouver du travail et se disait aussi qu'une fois dans la ville, le travail lui serait accessible et qu'il serrait compté parmi les élites de son village comme je l'ai tantôt souligné en amont. Mais, c'était sans connaître la réalité de la vie et des choses qu'il allait découvrir un peu plus loin dans les péripéties de sa vie qui, va être très mouvementée. **MIANE** vers 16h30 minutes comme il en est coutume, retournera au village et, une fois dans la case de ses parents, il se dira, je vais leurs dire la triste réalité que, je vais devoir les laisser et pouvoir m'aventurer dans l'immensité de la ville **d'Ebolowa.** Alors, après avoir pris son bain, il réunira ses deux parents **Zeh Bikobo** et **Angue Medjo** dans la salle principale communément appelée **Abah**. Et, une fois dans cette salle, ils étaient tous les trois j'allais dire tous les quatre entrains, de déguster ce met de pistache qu'on appelle **ñname gone** accompagné des tubercules de manioc qu'on appelle **nboñg**. C'est à ce moment-là, que **MIANE** se dit, c'est le bon moment pour leurs dire le fond de sa pensée. Il prit son courage à deux mains et dit à son père : Papa, vu que je viens d'obtenir mon certificat de fin d'études primaire, j'ai envie d'aller en ville me trouver du travail pour que, je puisse m'occuper de vous et que ; vous ne puissiez plus manquer de rien et j'aimerais au plus profond de moi, voir d'autres cieux que mon petit village **Enieñg.** C'est alors que, son père prit un temps de réflexion et lui dit : Est-ce-que, tu es sûr de ta décision parce que, jusqu'à présent tu n'as pas vécu loin de nous et en plus, la ville est grande. Nous ne sommes pas sûrs qu'une fois arrivé dans la ville, tu trouveras un boulot, un travail qui te permettra de t'occuper de nous à notre fin ! **MIANE** rétorqua en disant : Papa, je viens d'avoir mon diplôme et, je pense que lorsqu'on a déjà un diplôme comme je viens d'en avoir ; je pense qu'on peut déjà espérer avoir un bon boulot heu ! Je peux devenir Magistrat déjà, je peux devenir ceci ou cela ; je vais aller voir ce qu'il y'a lieu de faire la bas en ville. Dans leur ignorance, les parents acquiescèrent et dirent à leur fils : tu as notre bénédiction ; finissons de manger et demain nous en reparlerons. Pendant toute la nuit, notre petit garçon passait le temps à réfléchir ; à réfléchir... Il se disait ça y est je vais enfin pouvoir quitter mon village pour de grande choses.

Très tôt le matin au premier chant du coq, **MIANE** fut le premier à se réveiller et, fit comme il en a l'habitude ses travaux quotidiens. Lorsque ses parents quittèrent enfin le lit conjugal, il les reçus avec un bonjour ! Et eux également lui répondirent en lui disant d'une même voix bonjour ! Il dit alors à ses parents que, le grand jour était là, et qu'il allait enfin devoir partir.

Alors, son géniteur et sa génitrice lui dirent : Il faut te préparer parce qu'on ne sait pas ce qui t'attend la bas ! Et, ils lui donnèrent des conseils du genre : Faut pas parler aux inconnus, faut pas partager certaines choses avec les inconnus bref, il faut être renfermé sur soi et ne compter que sur soi-même. Alors heu ! Après avoir fini les préparatifs de son voyage, ils lui donnèrent l'adresse de sa tante qui habitait la localité de **Nko'ovos** plus précisément au niveau de la cabane bambou près de la chefferie. Une fois ses bagages faits, il attendait sagement le premier transport en commun du matin qui passait exactement aux alentours de 5h30 minutes, 6h30 minutes. Mais, il l'avait manqué puisqu'il s'était réveillé précisément vers 6h30 minutes et c'est ainsi, qu'il put prendre le deuxième qui passait à ce moment-là, aux alentours de 10h00, 11h00.

Le jeune homme, se retrouva quinze minutes après à la gare routière de la ville d'Ebolowa au niveau du Lac Municipal. Et, il attendit, il attendit puisqu'il ne s'avait pas quel chemin prendre où, devait-il y aller mais, il avait l'adresse de sa tante. Le temps passait, le temps passait, la peur au ventre parce qu'il ne pouvait pas s'adresser aux inconnus puisqu'il respectait scrupuleusement les recommandations de ses parents restés au village.

Alors, il attendit, attendit et le temps ne faisait que passer. Aux alentours de 17h30 minutes, il vit passer une vieille femme et prit son courage à deux mains et se dit bon ! Je ne vais pas m'éterniser ici sans ça je risque dormir à la belle étoile avec tous ces bagages que je traine avec moi ! C'est alors qu'il interpella la vieille dame et lui demanda : Est-ce-que vous connaissez **Mama Sylvie** qui vend dans un restaurant ici à **Nko'ovos**? Et la vieille femme lui dit : Effectivement, je connais cette femme. Et le garçon répliqua : Est-ce-que vous pourriez m'aider à retrouver son domicile au niveau de la chefferie ? C'est alors que, la dame prit le jeune homme et, tout deux finirent par trouver le domicile de sa vieille tante qui était là, entrain de nettoyer de la viande de brousse car, elle avait un restaurant et faisait du **Bayam sélam** de temps en temps. Lorsqu'elle vit son neveu elle était si contente qu'elle se précipita vers lui et l'embrassa. Le jeune garçon après, un instant passé avec sa tante alla retrouver une fois de plus la vieille dame, la remercia et lui donna quelques présents en guise de remerciements. Une fois cela fait, il retrouva sa tante dans sa cuisine et ils se mirent à échanger un peu ! La routine quoi ! Comment vont tes parents ? Comment se porte le village ? Bref des questions que communément nos proches nous posent lorsque nous sommes avec eux ou nous avons une visite d'eux.

Après un instant passé avec sa tante et après avoir consommé le repas du soir, **MIANE** monta se coucher dans sa chambre. Aux petites lueurs du matin, lui qui était un garçon très serviable ; il se mit à faire ses travaux et sa tante était très fière de lui. Mais, le temps passa et deux mois plus tard, il se demandait : Mais, je suis là, depuis deux mois ! Qu'est-ce-que je fais ; moi qui, viens de quitter mon village ça fait déjà une petite décennie quand même ? Et, depuis je n'ai rien envoyé à mes parents ! Même pas un petit morceau de viande de Zébu, même pas du **Bifaka** ? C'est-à-dire, du poisson fumé. A cet-instant précis, il se dit bon ! Je vais un peu faire le tour de la ville, voir ce que je peux faire ! Puisqu'au moment où, il était arrivé en ville il avait dit à sa tante qu'il voulait devenir Magistrat. Il en était très convaincu car, pensant avoir terminé avec les études avec l'obtention de son CEP. Cette dernière avait éclaté de rire et lui avait dit : non ! Pour être Magistrat, il te faut d'autres diplômes que le CEP ! En bref, il faut aller un peu plus loin dans les études. Mais, il était quand même fier de son CEP et compris tout de même que son diplôme n'était que la première porte vers la connaissance. Il voulait tant avoir un peu de sous car, il avait promis à ses parents qu'il allait pouvoir s'occuper d'eux et subvenir à la majorité de leurs problèmes.

MIANE, pour revenir à son désir de parcourir la ville dans la recherche d'un petit boulot, rencontra un jeune homme; un vendeur à la sauvette qui, vendait des vêtements. Alors, il s'approcha de lui, de ce vendeur qui se nommait **Zo'o** et lui dit de prime abord bonjour ; lui demanda : Comment peut-on procéder pour faire ce métier-là ? Il lui dit bon ! Si tu veux le faire, je peux te montrer les rouages du métier et, tu pourras de temps en temps m'aider à le faire! Mais, sache que tu pourras avoir au moins **1500 FCFA** par jour après la vente. C'est-à-dire, **500 FCFA** pour ton dîné ou ton déjeuné et les **1000 FCFA** seront ton gain journalier. Si cela t'intéresse, je vais te présenter au grand patron et on pourra voir comment tu pourras travailler. Il était tout en joie et s'assit dans un petit coin, attendit que **Zo'o** puisse finir sa vente à la sauvette. Ce dernier, vendait des pagnes et autres vêtements pour femmes. Le soir venu, **Zo'o** alla présenter **le** garçon à son patron, un certain **Mr Housman.**

Il accueillit notre jeune garçon avec toute la courtoisie possible et lui dit : Tu veux travailler ? Le jeune garçon répliqua : Oui ! Oui ! Et **Mr Housman** continua en lui disant : Eh bien ! Si tu peux supporter te lever très tôt avant 8h00 du matin, et rentrer un peu plus tard dans la soirée c'est-à-dire, vers 17h30 minutes, je pense pouvoir te recruter. Les yeux de **MIANE** brillèrent et avant que, **Mr Housman** eu ajouté un autre mot ou une autre phrase, qu'il le remerciait déjà. Il lui demanda son âge et qui était son tuteur ou sa tutrice et, bien attendu, le garçon lui donna le nom de sa vieille tante et l'endroit où, il résidait avec cette elle. **Mr Housman** vit qu'il était plein d'engouement et d'énergie qu'il demanda avant toute chose de rencontrer d'abord sa tante pour éviter toutes formes de désaccords car, ce n'était encore qu'un enfant. Il lui donna tout de même du travail. Il devait en fait, faire se petit boulot au niveau du marché **Oyenga** et était censé vendre des sous-vêtements d'hommes, des Gandouras. Notre jeune ami, était si fier de sa journée qu'il n'hésita pas à tout raconter à sa tante sans, oublier le moindre détail lui qui, avait à peine **14 ans** et qui, avait déjà commencé à affronter l'hiver si on peut le dire ainsi, l'hiver du quotidien de la vie. C'est ainsi que commença l'épique aventure de notre cher ami ; ce petit bout d'homme si fier et très battant.

PARTIE II

UN VENT RUDE ET GLACIAL

C'est enfin le grand jour. **MIANE** accompagné de sa tante, se sont levés de bonne heure et, se sont dirigés vers le grand marché **Oyenga** car, **Mr Housman** les attendait pour, parvenir à un certain nombre d'accords. Une fois sur place, la tante de notre jeune homme salua poliment **Mr Housman** et lui également en fit de même. Après, les scènes de courtoisie, les deux adultes vinrent au point essentiel « celui de l'emploi de notre cher ami **MIANE**».

L'employeur commença par féliciter la tante en lui disant : Eh bien ! Madame, vous avez là, un enfant qui, n'a pas du tout peur d'affronter la vie ! Et, la vieille tante de notre ami à ces mots, se senti flattée et ajouta de suite que son neveu était pour elle d'une grande aide et qu'il était si serviable et bien respectueux. Cependant, **Mr Housman** voulait savoir si le petit garçon avait l'autorisation de sa tante de, venir tous les jours pour travailler.

A peine il eut entamé ce côté sensible que la tante le rassura par ses propos quand, elle lui dit : Monsieur, sachez que mon petit neveu à ma pleine bénédiction car, il doit bien m'aider à régler certaines petites factures et aussi, venir en aide à ses deux parents qui sont restés au village. Mais, elle demanda une faveur à **Mr Housman.** Celle de bien vouloir décharger son neveu de ses occupations à l'heure convenue pour que, ce dernier puisse rentrer le plus tôt possible à la maison. Ceci était juste pour sa sécurité. Le Monsieur en question accepta et prit rendez-vous pour le lendemain avec l'enfant et, serra la pince à la tante de notre jeune garçon.

Une fois de retour chez eux, **MIANE** et sa tante ne cessèrent de parlementer à propos de cette journée un peu spéciale. Il dit à sa tante le cœur tout en joie et emballé qu'il pourrait enfin, envoyer de temps en temps un petit quelque chose à ses parents au village. En fait, le jeune homme se voyait déjà avoir fait un grand pas vers ce qu'il avait promis à ses géniteurs. Il ne ferma presque pas l'œil de toute la nuit et, celle-ci fit bien longue et apparemment interminable.

Mais, le jour finit par se lever. Le tout premier cocorico du coq qui annonçait 5h30 minutes de la matinée, n'échappa pas au jeune garçon qui, se leva et commença à faire ses travaux avec une rapidité et une énergie déconcertante. Quand, 6h45minutes du matin arriva il était déjà en train de se préparer pour se rendre à son poste de travail. Sa tante qui, venait de quitter le lit fit avec lui « **le nôtre père** » et lui souhaita de passer une bonne journée.

Le petit garçon, prit la route et arriva au travail à 7h45 minutes. Une fois arrivé, il salua son patron qui après l'avoir également salué, lui dit : Voilà ton ballot de Gandouras et celui de sous-vêtements. Il continua en lui disant : C'est bien que tu sois arrivé de bonne heure j'aime cet-attitude mais, est-ce-que ton ami t'a dit ce que tu comptes percevoir comme gain journalier et comme déjeuné ? Il répondit en disant : Oui ! Il m'a fait comprendre que je mériterais 1000 FCFA comme gain journalier et de 500 FCFA comme monnaie de déjeuner. **Mr Housman**, fit satisfait du fait qu'ils étaient apparemment d'accord. Après, que le jeune garçon eut pris ses deux ballots, **Mr Housman** lui fit un bref rappel sur l'heure de retour et souligna un détail en disant: Si tu ne vends pas suffisamment, ne compte pas rentrer chez toi avec ce gain de 1000 FCFA. Sache donc que tout va dépendre de ton revenu. Il demanda sans tarder : Mais, combien dois-je vendre au minimum pour mériter ma pitance ? Son patron lui dit : tu devras vendre au moins 8 Gandouras et 10 sous-vêtements pour mériter ton salaire mais, en ce qui concerne ton déjeuné il est de droit pour toi.

Ah ! Ok ! dit **MIANE** c'est compris ! Je sais ce qu'il me reste à faire pour gagner mon salaire. Dans son fond intérieur, il se sentait capable d'y parvenir car, il était poussé par cette promesse faite à ses parent rappelons-le de devenir une grande personnalité capable de s'occuper du moindre de leurs besoins.

Il travailla si dur qu'au final son patron finit par lui faire une petite augmentation de **500 FCFA**. Il était en joie mais, ne savait pas que près de lui se dessinait un danger qu'il n'aurait jamais cru voir venir de ce côté-là qui, était pour ainsi dire fraternel. Cependant, il commença à se dire : Mais, mes parents si je me souviens parfaitement, m'avaient dit de ne guère faire confiance aux inconnus ! Ah ! Quelle belle erreur se disait-il dans son fond intérieur. Et les mois ne faisaient que passer et, son amitié envers **Zo'o** ne faisait que croître.

Un beau matin de jeudi, son ami vint à travailler proche de lui c'est-à-dire non loin de là, ils étaient en fait, ensemble au même coin de vente et, pendant le moment de la pause déjeuné, il lui dit: As-tu déjà songé à vivre seul comme moi ? Et à notre jeune ami de répondre ah ben ! Non ! Non ! Dans un semblant d'étonnement, il lui dit : Eh bien ! Essaye et tu verras comment c'est chouette. Ok ! Ok ! Répliqua le jeune **MIANE** mais, demanda-t-il à son conseiller : Comment vais-je faire pour pouvoir m'en sortir ? Jusqu'à présent je n'ai jamais vécu tout seul ? En plus, je n'ai que **14 ans** et je cherche juste un moyen d'aider ma tante et, d'envoyer quelque chose à mes parents au village ? En fait c'était la peur qui rongeait les entrailles de notre jeune garçon et il avait totalement raison car, ce n'est pas le fait d'avoir un petit peu de sous à son âge qui devrait le pousser à faire certaines erreurs qu'on peut qualifier de folie !

Zo'o en parfait renard de surface, ne s'arrêta pas là. Il continua à affubler son ami avec des conseils qui, étaient en fait des conseils de jalousie car, notre jeune **MIANE** était non seulement aimé de son patron mais, travaillait avec amour et dévotion. Si nous rentrons un peu dans notre enfance nous pourrions comparer notre ami **Zo'o** à ce Renard de la fable du Corbeau et du Renard de **Jean de la Fontaine** mais là, n'est qu'une transposition. Alors, après avoir tout tenté, il finit par convaincre notre ami car, on le sait bien **: « tout bon flatteur vit au dépend de celui qui l'écoute** » pour ainsi citer notre ami **Jean de la Fontaine (1993).** Dès son retour à la maison, le garçon ne cessait d'y penser à cette proposition de vivre seul faite par son ami.

Un peu plus tard dans la nuit, il vint près de sa tante et lui dit : Tantine, tantine adorée, j'ai un petit souci. Sa vieille tante lui demanda bien sûr quel était l'objet de sa préoccupation ? Il se lâcha et dit : Eh bien! J'aimerai déménager de la maison et me trouver une petite chambrette à moi car, je ne veux plus être un fardeau pour toi et, tu le sais bien, je gagne déjà un peu plus qu'à mes débuts sans, oublier que j'ai fait beaucoup d'économies ! Sa bonne tante essaya de le convaincre de ne pas le faire car, pour elle il était encore si jeune et ne connaissait pas grand-chose de la vie. Elle se dit qu'elle avait fait une erreur monumentale en acceptant qu'il face de la vente à la sauvette. Mais, malgré toutes ses tentatives de dissuasion, il ne faisait que s'entêter et elle finit par le laisser faire, comme bon lui semblait. Cependant, notre petit garçon ne s'avait pas tout le sens que pouvait prendre cet adage Boulou : « **moñgo a te ti Nkoñg ta yô** » qui, en fait voudrait tout simplement dire que tant qu'un enfant ne veut rien entendre malgré les préceptes et les conseils de ses parents, des adultes, mieux vaut le laisser jusqu'à ce qu'il se heurte à un mur.

Alors, **MIANE** quitta quelques semaines plus tard le domicile de sa tante et se trouva une chambrette non loin de là plus précisément, au lieu-dit **Angounou.** Cette liberté lui était si agréable qu'il commença par faire de temps en temps des petites sorties entre amis mais, s'arrangeait tout de même à rentrer un peu plus tôt c'est-à-dire, avant 20h00. Notre ami qui envoyait souvent des petites surprises à ses parents au bout de quelques semaines après, son aménagement semblait, avoir oublié sa promesse et s'en orgueillit de pouvoir s'occuper de lui même sans l'aide de qui que ce soit.

Il avait déjà pratiquement fait un mois sans voir sa proche parente. La vie lui semblait tellement belle.

Un soir, plus précisément les deux jours avant la pâque, notre jeune ami fut invité par son collègue pour, passer une soirée ensemble et profiter un peu des biens faits illusoires de l'alcool. Le petit homme ne déclina pas l'offre et vint à se vêtir de son plus beau pantalon qui vulgairement est appelé « **super 100** » de couleur noir et, d'une belle chemise à carreaux sans, oublier cette belle paire de chaussure qui, semblait communiquer avec le très haut. Il s'était également parfumé au savon de toilette vu que celui-ci s'entait la rose. Vers 19h30 minutes comme à l'accoutumé, il fut rejoint par son conseiller et ensemble ils se dirigèrent vers le Grand centre-ville. Une fois en pleine ville, les deux amis s'aguichèrent de la compagnie d'une belle fille dont la beauté était… Semblait-il pour **Zo'o** : « très parfaite ».

Soulignons que la jeune fille était âgée de **17 ans** et l'ami de **MIANE** de **21 ans** donc, des trois c'était le plus âgé et le seul majeur ! Alors, son ami commença par proposer qu'ils se rendent dans un Bar quelconque histoire, de se détendre avant une éventuelle virée en boîte de nuit. Notre petit ami accepta car, un peu étourdi par cette beauté qu'il voyait en leur compagnie et dont, il ne voulait que dire oui !

Arrivé dans le Bar en question, les trois compagnons prirent place et là, vint une serveuse qui demanda : Que prenez-vous ? **Zo'o** dit : pour moi, ça sera une **Origine** bien glacée ! Et là, il demanda à la jeune fille ce qu'elle prenait et à elle de répondre : Une **Booster cola** bien glacée également. Quand, fut venu le tour de **MIANE**, il dit sans même perdre un instant : Moi aussi je prends une **Booster cola** comme la fille qui nous accompagne ! Et, la serveuse s'en alla chercher les différents goûts.

Pendant l'attente des rafraîchissements, **Zo'o** en profita pour demander le nom de leur douce compagnie et, la jeune fille lui dit avec toute la délicatesse : Je me nomme **Félicité.** La causerie continua de plus belle. Notre petit garçon était comme absorbé par la beauté de leur compagnie lui qui, passait certes des soirées avec son ami mais jamais avec une si belle fille. Voir, son ami courtiser la jeune damoiselle était pour lui une sorte d'école. Il oublia même qu'il n'avait jamais consommé d'alcool au paravent mais, se disait être capable de tenir la route. Le temps s'écoulait et nos trois compagnons ne faisaient que dialoguer. Au bout d'un moment, **Zo'o** proposa aux deux autres de passer sur ce qui faisait office de piste de danse et, sur laquelle, on pouvait se mirer dans un miroir grand format. **MIANE** se leva le premier car, l'alcool commençait déjà à faire effet dans son organisme.

Alors, pendant que la jeune **Félicité** et le plus âgé dansaient, un jeune homme vint près d'eux et demanda au jeune homme de lui céder sa place pour, danser avec cette étoile qui l'accompagnait. Le garçon refusa parce que, pour lui, il était hors de question que sa cavalière soit dans les bras d'un autre. C'est ainsi que, le personnage voulu accéder à la jeune fille par le biais de la force. Des échanges de paroles se sont suivis puis, les deux jeunes gens sont en venus aux mains. Tout le Bar était dans un chantier et dans un vacarme assourdissant. Précisons que nous sommes ici à 23h45 minutes. **MIANE** dans un élan de secourisme, prit une bouteille de bière et frappa sur la tête du présumé nuisible.

L'alcool était déjà à l'œuvre ! Car, il avait même oublié la notion du temps lui qui, rentrait tout de même chez lui un peu plus tôt ! Et, était quand même réservé ! Bref, au bout de quelques minutes de désordre, la police arriva sur les lieux et embarqua tout le monde. Mais, **Zo'o** avait réussi à filler avec la jeune fille et se réjouissait de son mauvais coût ! Du fait qu'il, était jaloux de son ami et voulait à tout prix montrer à leur patron qu'il était un voyou et un mauvais garçon.

Une fois au poste de police, on passa au contrôle des pièces d'identités et bien après, tirer cette affaire au clair. L'alcool semblait avoir disparu dans les artères et veinules de notre ami qui, ne s'avait pas ce qu'il allait advenir de lui. Après, le contrôle identitaire des autres terminé, l'Inspecteur de police demanda à notre jeune garçon son âge. Il répondit 14 ans et on lui demanda par la suite ce qu'il faisait dehors à pareil heure notamment à 00h00. Il raconta l'histoire au peigne fin à l'Inspecteur et sombra en larme. On libéra les autres sauf **MIANE** et la victime **Henri** c'est-à-dire, le prétendant de **Félicité** dont il avait frappé sur la tête à l'aide d'une bouteille de bière.

Le lendemain, l'Inspecteur appela l'enfant et lui demanda : As-tu un parent dans la ville qu'on peut joindre ? Et il répondit : Oui ! Oui ! Oui ! Le policier continua en lui demandant le nom et le numéro de ce parent et, il donna bien évidemment le nom de sa tante mais, ne connaissait pas son contact téléphonique. Pendant ce temps sa tante qui, fut informé de la situation par **Monsieur Housman** qui lui, avait été aussi informé par **Zo'o** alla au poste de police car, elle s'avait qu'il pourrait s'y trouver et qu'il ne peut être relâché sans son intervention.

Elle se dirigea au poste d'un pas pressé et retrouva son neveu. L'Inspecteur de police bien éventuellement lui demanda de décliner son identité et lui remonta les bretelles quant-il lui dit : Mais, madame ! Madame ! Quelle est cette irresponsabilité de votre part ? Un enfant de cet-âge vous le laisser à la merci de la rue et de tout ce qui s'y trouve sans le moindre scrupule ! Sa tante était sans mot et, regrettait d'avoir été si laxiste et mauvaise mère pour son neveu. Elle se demandait ce que penseraient ses parents s'ils en étaient informés de la situation. Néanmoins, après les formalités, **MIANE** fut relâché et sa tante dû payer une amande en guise de rappel à l'ordre car, un enfant ça doit fréquenter et non vendre dans les rues ou le long d'une rue.

De retour chez sa tante, le garçon fondit en larme. L'expérience fut dure pour lui et, décida de revenir vivre avec elle. Un beau matin après une semaine passée à la maison, il décida d'aller au moins dire un bonjour à son ami **Zo'o** et à son patron **Monsieur Housman.** Dès qu'il arriva sur les lieux, comme si, le bon Dieu lui avait soufflé par le biais du Saint-Esprit de marcher à pas de tortue, il entendit des rires et des voix qui semblaient percer le ciel. Il s'avança, se cacha et gueta.
Quel ne fut pas sa surprise ! Quand il vit son ami, son frère en qui il avait confiance en train de se moquer de lui, de dire qu'il avait finis par arriver à ses fins. Comme si cela ne suffisait pas il aperçût la belle **Félicité** qui était là, assise près de son ami et qui se moquait également de lui avec des rires à gorge déployé. Mais ce qui lui fit le

plus mal, c'est quand il entendit son cher ami **Zo'o** dire qu'il ne supportait plus les égards que leur patron avait déjà envers notre jeune ami sans oublier, le bonus salarial qu'il lui avait fait quand lui il était là, depuis plus de quatre (4) mois sans jamais avoir eu la moindre augmentation. **MIANE** regarda une fois de plus son ami et la jeune fille et tourna son dos indigné et avec le cœur meurtri. A peine il eut fait quelques mètres de marche (150 mètres), qu'il vit son patron qui le fixa d'un regard plein de mépris et lui dit : Je ne veux plus te voir car, tu m'avais caché que tu étais un petit délinquant, un voyou ! Et moi qui te faisait déjà confiance jusqu'à augmenter même tes gains ! Ah ! Je ne veux vraiment plus te revoir. Le jeune garçon voulu s'expliqué mais, **Mr Housman** ne lui prêtait plus son ouïe. Tout en larme il rentra chez lui, retrouva sa tante qui lui demanda ce qui s'était passé et le jeune garçon lui raconta toute l'histoire.

Elle le consola et cette période difficile pour notre petit ami passa aussi vite qu'elle avait commencé. Il passait maintenant la majeure partie de son temps à aider sa tante à vendre au restaurant pendant que celle-ci allait faire du **Bayam-sélam** à la gare routière. Sa tante avec l'aide de l'enfant faisait de gros bénéfices et avait décidé de payer son neveu pour, éviter selon elle qu'il pense à repartir à la recherche d'un autre petit travail qui, pourrait lui causer un plus grand tort. Le garçon avec son petit revenu envoyait chaque semaine un petit quelque chose à ses parents et en ce qui concernait les amis, il avait oublié cette notion et se disait que ses parents avaient eu raison.

Le temps ne faisait que s'écouler et par un jour pas comme les autres **MIANE**, dans son exercice de vendeur dans le restaurant de sa tante, eu la visite de deux clientes. Les deux filles âgées respectivement de 15 et de 16 ans étaient fières d'avoir repris les cours car, précisons-le nous étions déjà au mois de septembre 2012 ! Et notre ami était lui aussi déjà âgé de 15 ans. Mais, le fait d'écouter la conversation de ces jeunes filles, le plongea dans une réflexion permanente. Les deux filles étaient l'une en classe de 4e Allemande et l'autre en classe de 3^{e}

Espagnol et étaient si fières l'une comme l'autre de se retrouver dans ces classes respectives. Surtout celle de troisième qui ne cessait de dire qu'elle fera tous les efforts possibles pour, réussir à son examen (BEPC). Alors, dans la tête de **MIANE** toutes les paroles de sa tante à propos des études prirent tout leur sens. Le soir venu ; il retrouva sa tante dans sa chambre et lui dit : Tantine s'il te plait j'ai un souci. Sa tante lui demanda de quoi s'agissait-il encore ? Parce que, dans son esprit, elle redoutait une autre idée farfelue de son neveu. Il prit une bonne inspiration et expira puis, dit : J'aimerai retourner à l'école et avoir au moins mon B.E.P.C. C'est-à-dire le brevet de fins d'études du premier cycle vous en convenez bien sûr ! Alors, il dit cela à sa vieille tante qui, fut surprise et lui dit : Mais comment allons-nous faire tu es déjà âgé de **15 ans** ? Cette situation l'embarrassait tellement. Mais, elle ajouta après au moins 30 minutes passé sans, dire le moindre mot : Eh bien ! On ira voir le proviseur du lycée Bilingue ou celui d'un autre lycée pour voir ce qu'on peut faire pour, résoudre ce problème. Le garçon était en joie et dans son sommeil, il ne rêva que de lui au lycée portant sa belle tenue de classe.

Le mercredi matin, **MIANE** se leva tôt comme d'habitude. Vers 8h30 minutes, sa tante et lui, se lancèrent dans cette aventure de trouver un lycée à notre ami. Ils parcoururent presque tous les lycées de la ville mais, tous les proviseurs avaient le même langage : « votre fils arrive un peu tard ! Nous n'avons plus de place pour lui chez nous ! » Néanmoins, arrivé au lycée **d'Adoum**, on l'accepta mais, le proviseur exigea de lui une discipline et une ponctualité sans pareil car, il était un homme de principe et qui aimait le travail bien fait.

La tante de **MIANE** fut contente pour son neveu et rassura le proviseur sur le sérieux de son fils. Une fois de retour, après avoir mangé, il alla sans tarder à la gare routière et envoya un mot à ses parents où, il leurs racontait cette importante prise de décision.

Le lundi de la semaine qui s'en suivit, notre jeune garçon se leva tôt, fit le quotidien du matin, repassa sa tenue, rangea ses effets, se lava, prit son petit déjeuné, s'habilla et partit pour le lycée. Il marchait si vite qu'il arriva au lycée presque parmi les premiers élèves. Après, quelques instants à attendre là, cloîtré devant sa salle de classe que, le sifflet retentit : C'était l'heure du rassemblement. Il suivit les autres élèves et se trouva une place dans les rangs.

Une fois que l'hymne nationale fut entonné, il redressa son torse et chanta à très haute voix ce chant patriotique que, toute l'assistance était surprise. A la fin de l'hymne nationale, le proviseur lui demanda de venir auprès de lui et de mettre ses genoux sur terre ce que fit le jeune homme. Les annonces les plus importantes de la semaine terminées, le proviseur demanda aux élèves de regagner leurs salles de classes respectives dans la discipline. Les élèves une fois dans les salles de classes, il vint auprès du jeune garçon et lui posa la question de savoir le Pourquoi avait-il chanté si fort au point d'esquisser le trouble ? **MIANE** répondit : Monsieur depuis l'école primaire mes maîtres et mes maîtresses m'ont toujours dit que l'hymne nationale se chante à haute voix et avec tout son cœur car, c'est un chant patriotique et on doit le respecter. Et il ajouta : C'est le pourquoi j'ai chanté haut et fort parce que, pour moi, c'est beau de le chanter comme ça. Monsieur le proviseur et ses adjoints furent étonnés et là, il demanda à notre ami de se lever et de rejoindre sa salle de classe car, pour lui il était clair que l'enfant n'avait pas chanté si fort pour troubler la cérémonie. Il admirait cet-esprit de patriotisme que le jeune homme avait reçu de ses enseignants du primaire.

Le gamin regagna sa salle de classe, trouva le professeur de Mathématiques en pleine situation pédagogique, cogna et celui-ci l'invita à entrer dans la salle de classe et à se trouver une place ! Ce que fit notre ami. Et c'était là, le début d'une toute autre aventure qui, va complètement changer notre ami car, ne l'a-t-on pas souvent dit et penser que la société change l'homme ! Alors est-ce en bien ou en mal ? On le verra bien.

PARTIE III

UN CHANGEMENT RADICAL.

La rentrée scolaire avait déjà commencée depuis 4 semaines et **MIANE** faisait de son mieux pour, ne pas être dans le viseur du proviseur et des autres responsables de la sécurité scolaire. Sa vieille tante était heureuse et ne manquait jamais le moment de la semaine où, elle devait envoyer une lettre de compte rendu aux parents du jeune garçon. Ces parents faisaient quant à eux l'effort de soutenir leur fils au travers des envois de vivres chaque fin de semaine.

Le temps passa tellement vite que quelques années plus tard, le jeune garçon âgé maintenant de **18 ans,** venait enfin de présenter son examen de fin de premier cycle. Examen qu'il réussit haut la main avec la mention très bien. Il fut félicité par son proviseur, ses professeurs d'école et ses parents qui, firent une fête grandiose au village. Sa tante cuisina pour lui un bon poulet DG et lui offrit une belle paire de chaussure neuve.

Un soir, pendant qu'ils étaient en train de visionner, le garçon dit à sa tante : Tantine, est-ce que je peux déjà postuler pour un emploi maintenant que je suis breveté ? Sa tante répondit : Oui ! Oui ! En plus tu fais déjà l'âge approprié ! Elle ajouta qu'il devait faire sa carte nationale d'identité pour, être conforme et passer aisément le concours de son choix. Le mois des concours tant attendu arriva enfin (Août) et notre jeune ami se dirigea sans perdre un instant à la délégation régionale de la fonction publique. Histoire de voir la liste des concours qui lui seront proposés de faire. Arrivé dans le lieu en question, il balaya le babillard des yeux et vit le concours des greffiers niveau BEPC.

Quelle ne fut pas sa joie de voir un concours qui était en rapport avec la justice. Rappelons-le il nourrissait déjà le rêve de devenir magistrat dans la peau de ses **14 ans** ! Eh oui ! Il voyait là, une porte d'entrée vers son rêve. Pour lui qu'il soit à quel niveau de l'échelle que ce soit, cela lui importait peu. Tout ce qu'il voulait c'était d'appartenir au corps.

Alors, il prit tous les renseignements nécessaires et rentra d'un pas effréné chez lui pour, en parler avec sa tante et voir comment devrait-il procéder pour remplir les exigences dudit concours. Dès son arrivée, il ne perdit pas une minute et présenta à sa tante les conditions qu'il fallait remplir pour présenter le concours en question. Ensemble ils prirent la décision qu'il devait vraiment le présenter ce concours. Notre jeune ami fit tout d'abord sa carte nationale d'identité et continua par la suite avec les autres papiers. Au moment du dépôt, il rencontra un de ses camarades de classe ; un certain **Mang.** A la vue de cet-ami qui partageait le même banc avec lui dans la classe de 3e Allemande, le garçon était si content de savoir que le même concours qu'il se préparait à présenter, intéressait aussi son camarade et qu'ils risqueraient de s'asseoir également ensemble au moment du passage des épreuves écrites.

Le temps passa et vint enfin le jour de la composition. Comme ils s'imaginaient, les deux amis fut destinés à partager la même place. Mais avant de poursuivre avec notre histoire, nous devons savoir que, les deux amis siégeaient certes ensemble dans la classe de 3e Allemande mais, il y'avait un phénomène qui se déroulait dans la dite salle de classe. En effet, **Mang** n'était pas un garçon brillant en classe. Il avait de bonnes notes et réussissait sans problème aux examens de contrôle des connaissances mais, tout ce beau travail était le fruit de la tricherie ! Eh oui ! Il passait son temps à copier chez son voisin et lui, avec son grand cœur laissait faire son ami car, bien qu'il est été un jour trahit par un ami dans le passé, le temps avait fini par le faire oublier cette triste page de sa vie.

Alors ! Revenons à notre histoire. Voilà les deux compagnons qui passent les épreuves ensemble et une fois ces épreuves écrites terminées, les deux amis décidèrent de faire un bout de chemin ensemble histoire de bavasser un peu à propos de la texture des épreuves. **MIANE** dit à **Mang** qu'en ce qui le concernait, il était sûr de réussir à ce concours car, l'examen dans l'ensemble était un jeu d'enfant si on peut le dire ainsi pour lui. Son voisin de banc répliqua par le même sentiment de confiance totale en soi. Après leur séparation, **MIANE** comme à son habitude se précipita au restaurant pour, tout raconter à sa vieille tante qui le félicita, le servit à manger mais, lui demanda de ne pas trop en parler et d'en être si confiant. Elle lui demandait de ne pas trop en parler tout simplement parce qu'elle était un peu superstitieuse. Elle pensait qu'un individu du village pouvait mystiquement l'entendre parler ainsi et en être si fier pour finir, par la suite à le bloquer et à l'empêcher de réussir à son concours des greffes.

Il se tue et mangea sans plus dire le moindre mot. Un jour pendant qu'il était en train de faire sa petite lessive, un personnage qui avait l'habitude de manger dans le restaurant de sa tante vint à lui dire que les résultats du concours qu'il avait présenté venaient de sortir. Il resta un moment un peu perdu car, il ne comprenait pas comment cet-homme s'avait qu'il avait présenté un examen et bien après, il se dit peut-être l'avait-il écouté au moment où, il en parlait avec sa tante **Sylvie**. Le jeune homme cessa sa lessive sans même prendre le temps de se changer. Alla à la fonction publique c'est-à-dire à la Délégation pour, voir son nom affiché de ses propres yeux. Sur le chemin, il ne faisait que siffloter un air de **Franco « on ne s'assoit pas »** ah ! Ah ! Ah ! Sacré **MIANE**.

Bref il arriva à la fonction publique et vit son ami qui jubilait d'avoir passé l'examen concours avec succès. Il s'approcha de lui et dit : Oh là! Oh là ! Félicitation ! Et moi comment sont mes résultats ? Son ami resta un moment sans parler, baissa la tête et finit par ouvrir la bouche : Je... Je... Je suis vraiment désolé mais les résultats définitifs n'ont pas été du tout bon pour toi. **MIANE** ne voulut pas écouter cette déclaration de son ami et alla rapidement vers le babillard vérifier de lui-même. Quand il se présenta devant ce tableau, il le passa et le repassa du doigt et, finit par constater que son nom n'y était point. Il sombra en larme et tourna la tête vers son ami qui était là et le regardait d'un air vraiment abattu.

Après la reprise de ses esprits, le garçon sur le chemin du retour avec son ami lui demanda : Comment j'ai pu échouer or que tu copiais tous chez moi ? Et à son ami de lui répondre : Ben… c'est sûrement la faute des correcteurs qui sûrement, on mal fait leur boulot ! Oui ! Oui ! Tu as certainement raison se dit **MIANE**. Notre jeune garçon avait déjà accepté son sort et se disait qu'il allait retenter sa chance l'an prochain quand son ami fit une bourde. Il ouvrit sa bouche et sortit une bêtise qui fera valser le cervelet de notre cher ami.

En fait, il lui dit : En ce qui me concerne, je n'ai pas eu besoin de me focaliser sur le verdict des listes. Le garçon lui demanda comment ça ? Explique toi je ne comprends pas ! Et, sans même prendre le temps de réfléchir il lui répondit : J'ai un de mes oncles qui, est très haut placé ! Il a tout géré et m'a demandé de juste rester tranquille et de patienter.

Les yeux de **MIANE** s'écarquillèrent. Il n'en revenait pas, vraiment pas. Il se tue sans plus dire mot jusqu'au moment de leur séparation et une fois chez lui, il entra dans sa chambre et s'enferma. Il se demandait : Mais pourquoi tant d'injustices ? Pourquoi les hommes son comme Ça ? Pourquoi certains font tout leur possible pour réussir dans la vie tandis que d'autre sans faire le moindre effort réussissent par des voix tortueuses ? Ça sert à quoi de faire des efforts pour réussir ? On m'a toujours dit de travailler dur pour réussir quand d'autre réussissent par la tricherie, des contournements et des fraudes ! Ah ! Non ! Je déteste les hommes qui ont de l'argent et sont haut placés car, ils ne pensent pas à faire un travail juste et impartial. Ils ne pensent qu'à tricher.

Le soir venu, sa tante l'appela. Il sortit de sa chambre et la retrouva. Elle lui demanda comment fut les résultats mais, le garçon ne dit mot. Elle comprit que ça n'a pas été bon pour son neveu et lui dit : Ce n'est pas grave mon fils. Tu réussiras la prochaine fois. Mais, le garçon avait tellement l'esprit de haine en lui qu'il faisait semblant de comprendre mais sans rien comprendre. Quelques temps plus tard, il ne passait plus des moments à la maison et rentrait souvent très tard la nuit. Sa tante se demandait ce qui se passait dans la tête de son fils et ce qu'il faisait de son temps. C'était sans savoir que notre ami était devenu un délinquant juvénile qui, passait son temps à boire, fumer et à consommer de la drogue pour faire ses méfaits nocturnes. Comprenons par méfaits ici qu'il braquait les maisons des gens et agressait les passantes dans la rue. Pour lui, c'était devenu le moyen le plus facile de gagner sa vie et d'être loin des rêves de devenir une grande personnalité. Car, pour lui, c'était le luxe des fils à papa comme il avait déjà l'habitude de le dire.

Dans sa bande il en était la pièce maîtresse ; le cerveau qui montait les pièces du puzzle avant tout braquage ou agression. Notons que dans son groupe de 4, il y avait deux filles qui étaient aussi dangereuses et sans scrupules que lui.

Notre ami se faisait de l'argent et envoyait des appareils volés et autres choses à ses parents au village et pour lui, c'était ça la véritable vie désormais. Quelques mois après sa reconversion, sa tendre tante qu'il aimait tant venait de rejoindre son créateur. Le garçon fut abattu et comprenait qu'il était désormais seul. Plus personne pour le conseiller et avec qui il pouvait se confesser. Ce fut d'ailleurs le moment où, il revit ses parents après une longue séparation qui, le félicitèrent de s'occuper d'eux et lui donnèrent leur bénédiction pour aller de l'avant. C'était sans savoir que leur petit **MIANE** n'était plus ce garçon des campagnes si gentil qu'ils avaient élevé et bien éduqué mais, était devenu plutôt un voyou comme l'avait un jour pensé **Monsieur Housman**.

Une fois ses parents rentrés, il retourna à sa vie de délinquant et envoyait beaucoup plus de choses à son géniteur et à sa génitrice dont la joie n'était que grande.

Une nuit où, il fallait se faire un coup de vol dans la maison d'un commandant de brigade, **MIANE** comme à l'accoutumé envoya une des filles séduire le fils ainé du commandant en question histoire, de voir comment est la maison et le niveau de sécurité qui prévaut dans le dit domicile. Ce que fit la fille pendant deux semaines avant le coup. Alors le moment était venu de, passer à l'action. Il prépara le coup avec sérieux et les quatre personnages se lancèrent à l'assaut du domicile. Arrivé sur les lieux, la fille qui avait été envoyé pour la mission de reconnaissance sonna au portail et son soi-disant amoureux vint à ouvrir le portail et elle entra en faisant tout le nécessaire pour que ce portail reste entre-ouvert. Elle demanda à son amoureux de mettre les deux chiens de la concession en cage avec leur muselière histoire de ne pas déranger le patron des lieux et son épouse dans leur sommeil. Le jeune homme fit ce que sa compagne lui demandait et ensemble ils montèrent dans les appartements privés du garçon.

Pendant que la fille entrainait le garçon dans un charme fou vers ses appartements privés, **MIANE** et les trois autres entrèrent dans la concession armés d'armes blanches. Les Chiens aboyèrent sans relâche mais, aucun son ne parvenait à sortir et les pauvres chiens ne pouvaient que voir les démons de la nuit pénétrer dans la concession de leur maître. Après, 10 minutes passés à séduire le jeune homme, la fille voulu se rafraichir et demanda au jeune homme de l'attendre sagement elle revient. Mais en fait, elle avait pour mission d'ouvrir la porte centrale après 10 minutes et non plus. Ce qu'elle fit d'ailleurs avec succès.

Une fois les quatre dans la maison, la fille remonta dans la chambre à coucher du jeune homme et dans un baisé fougueux, l'assomma et le ligota. Elle descendit retrouver ses complices et commença le dépouillement. Dans le déroulement de ce coup de vol presque parfait, le jeune homme ligoté dans sa chambre, se réveilla et compris que dans sa maison se trouvait une bande de voyous. Il se bâtit et renversa un vase qui tomba sur le sol et fit un bruit qui, réveilla le maître de maison et son épouse. Un silence de mort se rependit dans toute la maison car, les malfrats se demandaient si le bruit avait réveillé le maître de maison. Après un moment ils se dirent que tout allait pour le mieux mais, le patron de la maison s'était effectivement levé et prit son arme se chevet et, se dirigea vers son séjour à pas de loup. Quant-il arriva dans son séjour il vit la bande des quatre qui étaient en train de dévaliser sa maison. Il s'écria que faites-vous chez moi ! Dans cette surprise inattendue, ce fut la débandade totale. Le commandant tira : Bamm et Bamm ! Deux coups de feu qui prirent une des filles et le garçon de la bande. Les deux rendirent l'âme à l'instant. Il tira une troisième fois et blessa la seconde fille qui avec **MIANE** réussirent à sortir de la concession. Mais, les coups de feu avaient alerté le voisinage qui, aussitôt se lança à la poursuite des présumés voleurs en s'écriant oh voleur ! **MIANE** se disait que son jour était arrivé. Il courut dans tout le quartier pour, fuir la justice populaire qui devait tomber sur lui. Quant à la jeune fille elle fut rattrapé et battu par la population mais, fut sauvé extrémiste par le commandant en question qui la remit au forces de polices. Le garçon était toujours en cavale, poursuivit par l'autre moitié de la population. Quant-il sentit qu'il n'en pouvait plus il se dit je tente le tout et, prit le risque de cogner à une porte inconnue histoire de se cacher et de reprendre ses esprits. Il cogna, cogna plus de sept fois et se dit que c'était la fin quand, l'homme de la maison en question l'ouvrit la porte et le fit rapidement entrer. La population passa le quartier au peigne fin mais ne retrouva pas l'enfant qui, remerciait le ciel de l'avoir épargné.

Le lendemain, le Monsieur en question, lui demanda : Pourquoi as-tu frappé à ma porte hier nuit ? Il répondit je fuyais. Et l'homme demanda par la suite ce qu'il fuyait ? Il répondit que la population du quartier voulait en finir avec lui. L'homme lui demanda de nouveau s'il avait volé ou fait autre chose de plus grave ? Et il répondit oui ! Qu'il a essayé de voler dans l'appartement d'un commandant. L'homme resta un instant très silencieux. **MIANE** s'est dit à cet-instant précis qu'il avait été idiot d'ouvrir sa bouche et de dire toute la vérité à l'homme en question. L'homme lui donna à manger et à boire. Ce qui surprit notre ami. L'homme continua à converser avec lui et le garçon lui raconta presque toute sa petite vie.

En fait, l'homme était content de suivre l'histoire de l'enfant car, il voyait en lui un enfant déterminé et près à tout pour se faire un nom et réussir dans la vie. Il proposa à **MIANE** de devenir son second parent et lui dit qu'il encourageait son attitude. Il le formata le cerveau et remplit dedans des sentiments de haine envers non seulement les hommes mais aussi envers les sociétés religieuses et les politiques en place en Afrique. Le jeune garçon vit là, un homme qui avait subi beaucoup d'injustices et l'accepta comme mentor et parrain.

Après des mois passés avec l'homme en question, il était tant de partir de la ville pour rejoindre le grand nord du pays car, c'était le moment d'après l'homme en question pour le garçon de découvrir une autre réalité et de faire parler ses envies.

L'homme se présenta enfin sous le nom de **Moustapha** et dit à notre ami qu'une fois sur place dans le grand nord il devra se convertir à sa fausse religion islamique qui ne prône pas la paix mais, le désordre, la haine et le massacre innocent des hommes. **MIANE** dans sa naïveté et la pensé que cet-homme était un idéaliste qui, établira l'équilibre entre les hommes et éradiquera toutes les injustices, se disait prêt à le suivre partout sans hésiter. En fait, pour notre jeune garçon, il avait la sensation qu'il était avec quelqu'un qui semblait le comprendre et qui selon ses paroles faisait ce qui était juste.

Mais, notre ami était vraiment naïf car, derrière ces paroles de changement proférées par ce **Moustapha** se cachait en fait l'horreur absolue que notre jeune ami s'apprêtait à aller découvrir et à vivre.

Ses parents lui avaient pourtant dit de ne point faire confiance aux inconnus mais, la vie nous joue souvent des salles tours qu'on se retrouve dans certaines situations sans vraiment le vouloir. Notre ami à mon avis, voulait quelque part remercier l'homme de l'avoir sauvé de la mort et se disait qu'il était un homme bon. Mais, c'était en fait une facette de son visage macabre qu'il voulait faire voir au jeune garçon et le mettre en cofinance dans le but de mieux le manipuler.

Mais, on verra bien ! Ce que nous réserve l'avenir de **MIANE** dans la suite de cette histoire qui commence à être palpitante et pleine de rebondissements.

PARTIE IV

UN TOUT AUTRE VISAGE.

Moustapha prit le temps d'organiser le départ pour les grandes savanes du nord. Il alla à la rencontre d'un passeur qui, devrait lui faire traverser les barrières du Sud, de la capitale sans, se faire prendre dans l'émail du filet de la sécurité Camerounaise. Une fois, cela fait, il rentra retrouver notre jeune ami et lui fit le résumé du trajet. Il lui demanda d'être très simple c'est-à-dire décontracté pour éviter d'attirer l'attention sur eux. Le garçon comprit parfaitement ce qu'il fallait faire et rassura son mentor.

Au petit matin, le passeur appela **Moustapha** et lui demanda de le rejoindre à la sortie de la ville. En fait, il les attendait avec un minicar bleu foncé. Le mentor de notre jeune ami l'appela et lui demanda de prendre le nécessaire et de le suivre sans plus dire un mot. Ce que fit notre ami **MIANE**.

Une fois sur la nationale en direction de la capitale **Yaoundé,** le passeur, se chargeait juste de communiquer avec l'armée et avait au préalable muni nos deux amis des cartes Nationales d'identités ceci, pour faciliter leurs passages si, le contrôle s'avérait soudé et difficile à contourner. Le passeur avait déjà eu à constater que les passagers l'ors d'un voyage étaient appelés à descendre du Car de transport pour, le contrôle de leurs papiers.

Notre garçon était muet comme une carpe car, il voulait faire bonne impression devant son mentor et se disait bon ! C'est la dernière étape avant de me faire beaucoup d'argent et de rendre ma famille, mes pauvres parents heureux de m'avoir enfanté.

Le voyage, se déroula sans encombre et notre ami, découvrait toute la splendeur de la grande et belle capitale du pays et, il se dit dans son fond intérieur : « sûrement là où, je vais c'est encore plus beau et j'ai hâte d'y arriver … ». Une fois le Car de transport en arrêt, le jeune homme fut appelé par son mentor qui, lui confia les valisettes qu'ils avaient eu soigneusement le temps de préparer la veille de leur long voyage. Les deux personnages se dirigèrent sur l'arrêt taxis et en prirent un pour la gare aux trains de **Mvolyé.** Ils prirent le train pour la destination du grand Nord plus exactement l'extrême région. Une fois dans le train, notre jeune ami et son mentor voire tuteur ; firent profil bas assis confortablement dans un des wagons arrières.

La ballade était si douce telle une mélodie d'enfance pour **MIANE** qui, dans son sommeil pensait aux moments de bonheur qu'il allait procurer à ses parents pierre angulaire de ses motivations.

Son mentor ne lui avait pas encore dit le cauchemar dans lequel il s'était embarqué et, lui faisait juste miroiter le doux parfum de la compassion car, ce dernier savait que le garçon avait été traumatisé et était de ce fait une proie facile à manipuler.

Revenons à notre voyage si magnifique pour notre jeune héros. Après un long moment de route, le jeune garçon fut réveillé par **Mr. Moustapha** pour, une escale à **Ngaoundéré** ceci, en vue de reprendre quelques instants plus tard la route par le biais d'un car de transport.

Il s'agissait en fait d'un autre passeur qui, avait pour objectif majeur de les faire passer les différentes embûches afin de parvenir dans un camp de rassemblement de nouvelles recrues.

Le garçon avait commencé à se poser certaines questions mais, cela fut bref car, dans son introspection, il se consolait par l'avoir qui bientôt, allait s'ouvrir à lui : « plein de sous pour une vie meilleure, c'est bientôt la fin des déboires … ».

Une fois les pieds au sol, ils prirent leurs bagages et marchèrent jusqu'à l'arrondissement nommé **Mbé** ; traversèrent **le fleuve Bénoué** à l'aide d'une barque sans éveiller les moindres soupçons et accostèrent à **Lagdo** par la suite. De là, ils prirent contact avec le passeur qui, les salua et se présenta sous le nom **d'Ibrahim Moussu.**

Nos amis en firent de même et repartis de plus belle. Le jeune garçon pendant tout le trajet sachez-le, était bien nourrit et distrait par les merveilles qu'ils apercevaient le long du voyage.

Le trajet fut serte long car, ils ont pris l'itinéraire de **Pitoa-Dambo-Figuil-Montouroua-Maroua-Koza-Mozogo** jusqu'au chef-lieu de département du **Mayo-Sava** nommé **Mora** où ; le passeur **Ibrahim Moussu** les laissa sous un conseil aimable de se rendre au point final dès la nuit tombé.

Sachons que le point de rencontre ici, est le chef-lieu d'arrondissement du **Mayo-Sava** nommé **Kolofata** dans la région de **l'Extrême Nord** du pays.

Une fois la nuit tombée, **Mr. Moustapha** et **MIANE** se rendirent au point de rendez-vous. Arrivés sur les lieux, le garçon fut surpris de voir autant de jeunes filles comme, de jeunes garçons réunis tous là et dont, la tranche d'âge était comprise entre 16 et 30 ans.

Il eut un temps de réflexion lorsqu'il se dit : « mais où sommes-nous ; comment se fait-il qu'il y est tant de jeunes qui, ont la même racine problématique que moi ?... ». En fait, il se trompait totalement car, tout comme ceux qui étaient là, il allait bientôt subir un lavage d'esprit.

Chacun était là, pour un problème bien particulier et **Moustapha** et ses semblables se servaient de ces problèmes voire de ces faiblesses pour faciliter le recrutement et manipuler plus aisément les saints esprits. Pour **Moustapha** et ses compères, le but spécifique était la semence du trouble dans la sous-région Afrique centrale entière et dans bien d'autres pays Africains cibles ; faire régner une loi en se servant des brebis égarées faisant ainsi, leurs affaires.

Après deux jours passés dans un coin isolé de la forteresse cachée, **MIANE** qui, était encore dans son nuage se retrouva devant un guide cagoulé qui le fit asseoir près de lui en lui demandant, de lui faire la narration de son histoire. Ce qu'il fit bien évidemment avec enthousiasme. Le récit terminé, le guide bourra le crâne de notre jeune ami pendant une période de deux mois de bêtises visant à le briser totalement et à le rendre complètement misandre, misanthrope et même à la limite xénophobe. Il atteignit son but par le biais d'un chantage. Il dit au jeune garçon qu'il savait comment contacter ses parents et que s'il venait à tenter quoique ce soit pour fuir ou pour nuire à l'organisation il enverrait des mercenaires porter atteinte à la vie des parents de notre jeune ami. Il imposa un certain nombre de règles religieuses au garçon et l'obligea à assassiner un enfant malgré lui ce qui, eu un effet synoptique pour **MIANE** qui, comprit qu'il était pris au piège et ce fut-là, le début de sa bicéphalie ; il avait à la fois ce visage d'ange et d'un autre côté celui d'un diablotin au sentiment de pouvoir absolu, juste satisfait du bien-être de ses géniteurs dans ce monde qui était désormais à ses yeux peuplé d'ingrats de corrompus de blasphémateurs et dont il fallait purifier au nom d'Allah ! Ah ! Quelle ironie lui qui se dit être un serviteur dévoué de Allah et punir les blasphémateurs était en fait un incrédule, ignorant de ce que c'est que l'islam. Cette religion de paix de compassion que des hommes s'en servent à tort et à travers pour prôner le mal. Ah ! L'ignorance est la pire des maladies et c'était de ça que souffrait notre jeune garçon.

Au bout de 5 mois, sa reconversion était un succès qu'il se fut confié des tâches importantes. Il n'avait plus la moindre pitié ou compassion. Il était brisé et était devenu la parfaite symétrie de ses créateurs.

Un beau jour, dans la pleine noirceur de la nuit, le jeune homme qui s'appelait dorénavant **Farruck,** prit une petite escorte de 4 personnes et se dirigèrent dans un petit coin de la localité pour, s'y fondre dans le décor et recueillir des informations en vue d'une éventuelle attaque surprise de l'une des brigades de la contrée de **Mora.**

Il parlait déjà correctement l'une des langues locales qui était le **Foulfouldé** et cela lui était facile de se fondre dans la masse tel un caméléon.

Alors, pendant cette opération de reconnaissance, il aperçut une damoiselle qui passait non loin de là habillée en pagne minutieusement brodée et dont, la beauté était semblable à la brise du matin, au chant du rossignol sous un rayon de soleil radieux.

N'ayant jamais courtisé de femme comme le fit un jour son ami **Zo'o** et ne connaissant que la manière forte pour s'accaparer d'une chose, était cependant abasourdit devant cette beauté. Il demanda à l'un de ses compagnons de mission comment devait-il s'y prendre pour avoir les faveurs de la jeune damoiselle ? Un autre ayant suivi la préoccupation du jeune homme s'empressa de lui dire de prendre la jeune fille comme bon lui semblait car, c'était un des privilèges dont il pouvait en jouir librement.

Dès cet-instant, il fut comme possédé par un démon, suivit la fille jusque dans un coin où, il jugeait opportun de faire d'elle ce qu'il voulait et pensait.

Ils la saisirent, la trainèrent un peu plus loin dans un endroit plus sombre déchirèrent son beau pagne et la maintinrent au sol pendant que **Farruck** se préoccupait de faire sa salle besogne.

A la fin de ce forfait, l'un de ses amis lui proposa de mettre à terme à la vie de la fille. **Farruck** tout de même prit d'un coup de foudre fit tout son possible pour ne pas en arriver là.

Ils laissèrent la jeune fille bâillonnée et en larme, s'en allèrent continuer la reconnaissance du terrain en vue de leur prochaine attaque. Mais, le garçon garda le nom de la damoiselle dans son cœur **« Farid ma ».**

Une fois de retour dans leur base, le jeune homme était habité par deux sentiments. L'un d'amour envers la fille et l'autre de pouvoir mais hélas ! C'est celui du pouvoir qui avait repris le dessus. Il prépara ses troupes à l'attaque de la brigade qui était d'ailleurs sa première du genre et, deux soirées plus tard, ils passèrent à l'attaque et furent mis en déroute malgré le fait d'avoir tué quelques soldats défenseurs de la patrie. Une fois de retour dans leur camp de base, **Farruck** énervé d'avoir manqué de punir les hommes de l'Etat qui, étaient une bande de corrompus, de sans cœur et d'incrédules proposa à son guide suprême de passer à des opérations **Kamikazes.** L'idée fut adoptée et ovationnée par tous ; qu'il se trouva confié l'ouverture des hostilités.

Un sourire traversa son visage d'ange et il prépara soigneusement son méfait futur en équipant quelques semaines plus tard une fillette de 16 ans d'explosifs ceci, en lui promettant de rendre sa famille riche à vie en faisant cela au nom d'Allah ! Oh non ! Quel menteur !

Le jour-j arriva aussi vite qu'un aigle qui fond sur sa proie et par un jour de marché, la jeune fillette s'avança en compagnie d'une autre qui, fut repérée par les défenseurs de la patrie c'est-à-dire les hommes en tenu et la population vous en convenez bien-sûr ! Hé bien, ils abattirent cette dernière. Quant-à notre fillette initiale, elle s'explosa immédiatement tuant des honnêtes citoyens.

La fête battait son plein au camp de base terroriste quand soudain elle fut interrompu par un titre de journal télévisé qui, stipulait que des chefs d'Etats Africains venaient de prendre la décision de faire la guerre à cette secte, cette nébuleuse terroriste à laquelle **Farruck** appartenait désormais.

Lui et ses camarades de désordre se mirent à rire pensant être les plus forts sur ce qui était pour eux des simples mots. Mais c'était sans savoir la détermination du leader d'Afrique centrale et de ses homologues **du Tchad, du Benin, du Nigéria** … d'en venir à bout.

Notons que ce sommet où, cette décision se faisait prendre se tenait en France en présence du chef d'Etat de la **république Française** qui, dans sa politique fine et dure n'acceptait point de telles troubles non seulement où, elles avaient lieu mais partout où, elles pouvaient prendre forme.

Une fois de retour dans leurs pays respectifs, les chefs d'Etats **du Cameroun, du Tchad, du Nigéria et** les autres se réunirent de nouveau pour établir un plan d'action en commun.

Cette force commença à faire des morts au sein de la communauté terroriste et **Farruck** qui, sentit que la situation devenait grave se décida à fuir au plus vite puisque, le leader de cette secte nommé **Boko Haram** venait de se faire prendre quelques mois après la décision de guerre prise par les chefs d'Etats.

Il réussit par prendre la fuite et se retrouva par un coup de chance dans la région du littoral. Ah ! Décidément la vie est bizarre.

Il séjourna quelques instants et se dirigea vers le **Nord-Ouest** plus précisément dans la localité de **LEBIALEM** le temps de reprendre ses esprits.

Ce fut le début d'une tout autre aventure pour notre jeune **MIANE.** Il avait goûté au plaisir du pouvoir de tout avoir sans effort mais, ce n'était rien à côté de l'horreur qu'il s'apprêtait à faire vivre à ses frères d'une même nation. Ah oui ! C'est devenu un ange aux paires d'ailes sombres.

PARTIE V

LA TERREUR AU BOUT DES DOIGTS

* PEACE *

Revenons à notre petit **Farruck** qui venait de fuir la région au climat tropical sahélien du Cameroun pour se réfugier dans les hauts plateaux et montagne de l'Ouest du pays ; Afrique en miniature. Alors, à peine arrivé dans cette zone du pays ; il se fondit dans la masse avec l'espoir de se faire oublier un tout petit peu. Il ne perdait pas une seule miette des informations du pays espérait que la secte terroriste à laquelle il avait adhéré pourrait reprendre du poil de la bête et favoriser ainsi son retour parmi eux. Mais c'était sans savoir que la coalition des états mise en place ne faisait ou ne ferrait point dans la dentelle pour faire revenir le calme et la paix socle d'un avenir sûr et de développement.

Il fit quelques mois voire année dans son lieu de refuge et sût se fondre dans la masse à tel point qu'il se fit nommer **Tande Nde** et, adopté par les tous les autres compatriotes.

Mais, notre ami avait toujours des envies de redevenir ce barbare sans âme, ni foi ; ni loi car, il ne supportait pas de demander ou, d'essayer de mériter son dût de nouveau. Pour lui, la vie et ce qu'elle peut nous offrir était une affaire de forts pas de faible et dans sa pensée profonde notons-le ; demander une chose était faiblesse et son pays n'était qu'injustice mais, mais, il n'avait pas d'autres choix que de s'arrimer à cela pour pouvoir avoir une vie lui qui, était devenu un « **Rémi sans famille** » si on peut le dire ainsi.

Le temps s'écoulait normalement et, nous finîmes par arriver à la période des élections présidentielles au Cameroun plus précisément au **mois d'octobre 2018.** Notons ici, que la secte **Boko Haram** était déjà sévèrement affaiblit et presque éradiquée par la force commune mise en place par les alliés.

Dans son coin il était un acteur passif pendant tout le déroulement des élections et se plaisait à, voir la bataille acharnée que se livrait les 9 candidats au poste. Il était cet acteur passif par le simple fait qu'il ne pouvait pas passer aux urnes et avait toujours en esprit qu'on pourrait se saisir de lui vu, son passé tumultueux.

Nous avions oublié de mentionner que bien avant le début des élections présidentielles, des petites émeutes prenaient forme par ci et par là et que celles-ci avaient pris leur essor dans une revendication des Avocats (la Common Law) et des enseignants pour une traduction dorénavant des textes dans les deux langues officielles du pays et une revendication de certains postes administratifs...

Revenons donc à ce déroulement des élections présidentielles. La campagne dura le temps qu'il avait fallu et le candidat du parti RDPC fit proclamé vainqueur de ce suffrage et, devait prêter serment au mois de **Novembre** prochain Qui allaient suivre. Précisons que les partis en liste pour la magistrature suprême étaient pour certains un peu frustré par le résultat obtenu.

Une fois la proclamation des résultats faites, il y eu des contestations des autres candidats et c'est alors que le jeune garçon tomba amoureux de l'un d'eux qui s'auto proclama vainqueur mais, il eut là la petite étincelle de délinquance qui se mit à briller de nouveau dans ses yeux. Tellement il se prenait pour une victime du système qu'il se disait que la passation de pouvoir était obligatoire et déposait tous ses espoirs sur n'importe quel autre personnage pouvant accédée à ce sacre suprême, cet élixir pour ainsi cette ambroisie délice des dieux.

Dans les différents appels à des soulèvements contre le régime réactualisé ; il s'y mêla et vit là l'opportunité de redevenir ce barbare qu'il était et qu'il se disait devoir redevenir car, c'était là le seul moyen de posséder non seulement ce qu'il voulait c'est-à-dire le bien être mais aussi de, lutter contre les enfants du système qui l'avait privée de ses rêves et dont il avait le devoir de purifier. Cette purification était devenue pour lui une forme d'obsession du fait que pour lui c'était ça que son précédent guide lui avait convaincu de faire pour avoir selon eux un pays, un monde meilleur. Ah, ah, ah ! Quelle vraie bêtise à la limite du terme quelle belle connerie que de penser cela et de se dire être investie d'une telle mission sacrée ! Ah la candicité nous mènera jusqu'où !

Bref, il profita de ce désordre perpétré par les uns et les autres qui avaient chacun une revendication propre certain, désirant le fédéralisme, d'autre des emplois ; d'autres encore des postes ministériels, la décentralisation, la fin de la corruption, la suprême magistrature etc. chacun y trouvait là un moyen de se faire entendre à tel point que la racine du problème avait été omise des pensée.

Il fut enrôlé dans une petite bande et vu son expérience vécue dans l'extrême région, il fut facilement ses preuves et se trouva confié plus rapidement qu'il pouvait le penser ; le commandement d'un petit groupe de 30 individus. Rappelons que chaque groupe avait certes un commandant mais que, chacun de ces comandants avaient un superviseur qui était censé le ramener à l'ordre s'il venait à ne point suivre les plans de tous à la lettre une forme de général quoi ! Mais, moi j'appellerais ça une puce.

Il parlait aisément le **pidgin** et cela avait facilité son intégration dans les régions du Nord-ouest et du Sud-ouest.

Une fois la proclamation des résultats faites ; était venu le temps du traitement des différentes plaintes de contestation des résultats et, notre ami qui, notons-le avait de nouveau arboré un nouveau nom celui de **Tande Nde** avait en outre choisi le pseudonyme de **Eraser (l'effaceur)** suivait cela avec le plus grand intérêt puisque, lui et les membres de sa bande espéraient que l'opposition aura gain de cause et, ils maintenaient les populations des deux régions dans une terreur suffocante.

Le traitement des différentes plaintes dura un bon nombre de Jours et toutes furent déclarées non recevable dans le fond et non sur la forme et une fois de plus le candidat du parti RDPC fut confirmé dans son siège suprême de choix de la nation. Ce qui indigna notre ami et ses semblables et dès cet-instant recommença une série de barbarie sans pareille perpétrée par **les sécessionnistes** comme ils se sont fait nommer pour un premier temps et bien après **Ambazoniens** et, plus particulièrement par notre ami **Eraser.** Ah ! **Eraser** quelle inspiration !

Il était question que le président proclamé prenne ses fonctions et en attendant ce moment, il ne se présentait pas aux médias et aux jeux des mots illustrant parfaitement sa « force de l'expérience » mais, essayer tant bien que mal à rassurer les populations, son peuples de sa volonté ferme de ne point le disloquer et de ramener la paix dans leurs foyers et dans leurs esprits.

Au moment de sa première prise de parole il revint sur une nation indivisible et uni, prit ses engagements en rappelant les fameux jeunes **sécessionnistes, Ambazoniens ;** à déposer les armes et en prononçant la phrase sacrée de : « ***I do so swear*** ».

Notre ami, avait écouté attentivement tout le discours et n'intégrait pas encore cela dans son cervelet et pour lui ces mots du chef de l'état n'avaient point de sens pour lui ; lui qui ne connaissait que la loi de la jungle.

Un soir pendant qu'il était de garde dans la pleine forêt, il vit une femme qui cherchait à rejoindre son logis accompagnée de sa petite fillette de **4 ans** qui la suivait d'un pas lent et rassuré. **Eraser** et ses amie(s), étaient déjà devenus des vrais monstre, ferment les écoles, tuant les élèves avenir du pays, mutilant les hommes et des femmes les uns profitant de cela pour faire des rituels de fortunes, violant, abattant les défenseurs de nos biens et de nos vies causant ainsi des deuils et des larmes au sein des familles et pour finir comme si, cela ne suffisait pas ; ils se sont même transformé en cannibales prétextant que c'est une source de protection contre des éventuelles balles des forces armées et contre toutes autres formes d'attaques.

Alors revenons à cette nuit pas ordinaire car, au moment de sa patrouille de garde, **Eraser** vit la petite fillette qui le vit à son tour. Prise de peur, elle tremblait de partout comme bombardée de partout par cette peur qui la rongeait de l'intérieur et qui, semblait se lire de l'extérieur. Quand la mère de la fillette le vit elle voulut crier et à ce moment-là, notre jeune ami dégaina sa **kalachnicorf** et tira sur elle sans le moindre gène.

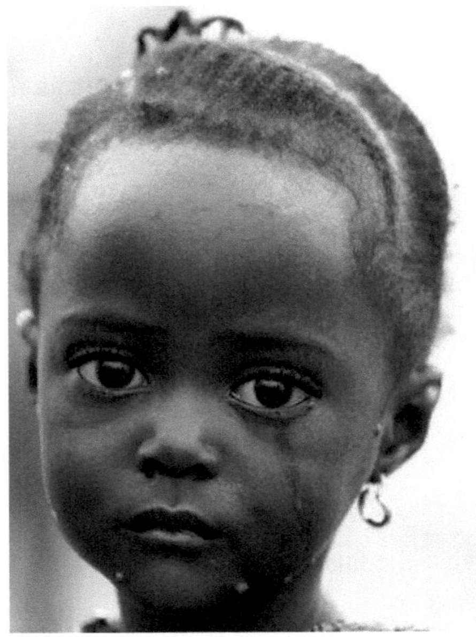

La femme tomba sur le coup et, avant que ses compagnons n'arrivent sur les lieux ; il tira sur la fillette après ce regard perdu qu'elle lui lança et où, elle semblait exprimer que le jeune homme venait de lui prendre ce qu'elle avait de plus sacrée au monde **« sa petite maman »**.

Quand ses compagnons arrivèrent sur les lieux ils trouvèrent le massacre et, c'était un fait normal pour eux ; ils n'éprouvaient aucun remord. Mais, pour **Eraser** c'était le déclic. C'était comme si on venait de le faire voyager dans le temps. Lui qui, avait oublié la notion de parents venait de se voir comme dans un miroir dans les yeux de cette petite fillette dont il venait, d'ôter la vie ; de la priver des jours meilleurs et d'une vie pleine.

Jouant au dur, il évita de verser la moindre larme devant les autres mais, au fond de lui quelque chose venait de se produire et ses compagnon de barbarie ne pouvaient point savoir ce qui se passait en lui la pensée étant comme une boîte hermétiquement clause, appartenant qu'à nous même.

De retour dans le campement après cette situation déplorable, le garçon passait son temps et dans ses rêves à revoir la fameuse scène et cela, devenait insupportable pour lui. Il décida de déposer les armes et de faire confiance à son président qui avait fait cet-appel.

Cependant, cela, n'allait point être facile pour lui car, si ces amie(s) venaient à comprendre qu'il veut les lâcher pour repartir vers ces bons sentiments ; ils le tueront sans la moindre hésitation et pitié. Alors, il fallait qu'il trouve un moyen de déposer ses armes sans perdre la vie.

Il commençait enfin à comprendre de nouveau l'importance de la vie. Il, se demandait :

- Mais pourquoi aie je fais cela ?
- Que suis-je devenue ?
- Comment vais-je réparer mes fautes ?
- Ma terre patrie me pardonnera telle ?

- Tous ses enfants dont j'ai brisé les rêves vont-ils me pardonner dans l'au-delà ?
- Mes parents ; mes parents que diront-ils et penseront-ils de moi leur unique fils ?
- Le désir avide de la grandeur m'a trainé où ?
- Que suis-je vraiment devenue ?

Il ne cessait de se tourmenter l'esprit et de chercher désespérément une porte de sortie et, de retrouver une vie normale.

Par une soirée aussi sombre que la nuit, aussi glaciale que des flocons de neige, notre ami se faufila dans la forêt et se mit à marcher aussi vite qu'il le pouvait. Il avait en fait l'idée de se rendre au premier poste de sécurité mis en place par l'état pour la protection des citoyens pour, essayer de se rendre avec le ferme espoir d'être épargné et de se faire réinsérer dans la société.

A peine **15 minutes** après son départ, une des filles du groupe se rendit compte de son absence et demanda aux uns et aux autres où, pouvait être **Eraser** ? Aucun d'eux ne sût où, il pouvait bien être. Cependant, dans le groupe, l'un d'eux le soupçonnait déjà de vouloir partir du groupe au vue de ses humeurs et pensées plutôt à son avis bizarres. Il fit part de son intuition aux autres et aussitôt fait, ils se lancèrent à sa poursuite avec la ferme intention de l'empêcher de se rendre et de les livrer au camp ennemi.

Ils connaissaient mieux la forêt que lui et après une traque de **30 minutes** environ ; ils le prirent caché dans un tronc d'arbre desséché et le ramenèrent dans leur camp.

Il avait cru être capable de les semer ; se disant qu'il maîtrisait déjà au mieux les moindres recoins de la forêt. J'aimerais qu'on n'oublie pas que nous sommes toujours ici dans la région du Sud-ouest et plus précisément dans l'arrondissement de **LEBIALEM.**

Une fois de retour dans leur base, le vice-commandant des troupes qui s'appelait ***« reptile »***, demanda qu'on le ligote les mains et les jambes et qu'on le foute dans une des cellules réservée aux traitres.

En ce qui, concerne les cellules des traitres, elles étaient construites sur une superficie d'un mètre sur deux (1 m/2) et, étaient en plein air à la merci des éléments avec des poteaux d'arbustes épineux qu'il était impossible d'espérer faire la sieste.

Cerise sur le gâteau, les fameux traitres étaient dispensés de repas copieux et ne devaient se contenter exclusivement d'un bout de pain sec et d'un demi-verre d'eau tous les jours. On voit bien que le but ici est de les tuer à petit feu ! Quel manque de compassion et de considération pour le genre humain.

Notre ami pendant une semaine entière ne pensait qu'à ses pauvres parents qu'il avait laissé dans son petit village avec, pleins d'espoir qu'il allait en ville pour des lendemains meilleurs. Mais, ce rêve était devenu un cauchemar une vrai descente aux enfers.

Il se disait qu'il ne verrait plus cette liberté qu'il caressait autre fois et qui glissait sur son visage comme le vent qui souffle entre les arbres. Il était si malheureux que pour lui tout était fini.

Quand deux jours après n'ayant que la peau sur les os mais tenant toujours debout ; il se dit que sa fin n'était pas encore proche et qu'il ferait tout pour revoir ses parents au moins une dernière fois.

Dans sa pensée de revoir ses géniteurs à laquelle il s'accrochait fermement et qui, lui procurait l'énergie nécessaire pour tenir à la torture ; une des filles du groupe vint vers lui lors d'une nuit où, tout le monde étaient concentré à visionner tel des caïds à la **Rambo** lui proposer de l'aider à s'enfuir mais, à la seule condition de partir avec elle car, elle aussi voulait revoir sa famille qui se trouvait du côté du Littoral en fuitent depuis le début des troubles. Notre ami lui demanda le pourquoi veut-elle les revoir après avoir accepté de devenir une sans âme ? Elle le répondit en lui disant : j'en ai marre de cette vie ; elle ne nous offre aucun avenir, aucune issue et aucun espoir de léguer à nos enfants le meilleur de nous. Et , elle rajouta que c'est en le voyant essayer de fuir pour reprendre sa liberté en main qu'elle en a eu le courage d'essayer elle aussi de réparer sa vie même comme au fond elle ne sera plus la même à cause des atrocités qu'elle a faite.

Le garçon la regarda attentivement et vit dans son regard qu'elle avait vraiment l'envie de quitter ce monde plein de désolation.

Il accepta l'aide de la jeune fille et elle lui demanda d'être prêt à tout moment que l'occasion se présenterait. Elle voulait en fait profiter d'un des moments de descente dans l'optique de voir s'il y'a des petits groupes de soldats des forces armées pour se porter volontaire de rester surveiller le camp. Elle comptait sur la confiance que tous lui portaient connaissant, son caractère impitoyable et sa minutie dans tous ce qu'elle doit où, se doit de faire.

Elle n'a pas eu à attendre aussi longtemps que la surveillance de tout le camp lui fit confié 1 heure après le départ de tous elle prépara l'évasion de notre jeune ami en envoyant les 5 qui étaient restés, sous son commandement à aller dans la cave aux vins chercher deux bonnes caisses pour se souler un peu la gueule ceci, en les rassurant que tout était sous contrôle. Au moment où, les 5 envoyés se sont retrouvés à l'intérieur, elle se précipita vers la porte et la ferma à double tours.

Une fois cela fait, elle mit du feu au cabanon et se précipita aussitôt vers **Eraser ;** ouvrit sa cage car, pour moi ce n'était pas une prison et lui demanda de prendre une arme et tout ce qu'il pouvait porter et, de déguerpir de cet-endroit au plus vite. Les deux savaient qu'il venait de signer là leur arrêt de mort.

Ils prirent la fuite à grande enjambé et fini par arriver à la lisière de la forêt et dès cette instant un sourire dessina les contours de leurs visages crispés. Mais, le jeune homme ramena de suite sa compagnie à la réalité en lui disant que tout n'était pas encore fini. Elle le regarda en larme et acquiesça de la tête et, les deux amis décidèrent de se diriger vers **MOMO** dans le **Nord-ouest** et une fois dans la localité ils continueront la nuit vers **Bamenda.**

Ils prirent la route sans hésiter en empruntant une moto de force malgré eux car, la mort pouvait leurs rattraper s'ils perdaient le moindre temps. Et c'était bien le cas car, une fois de retour dans leur base après avoir perdu quatre de leurs camarades ; ils trouvèrent que nos deux fugitifs avaient mis la base dans un état déplorable.

Sans perdre la moindre occasion, le chef actuel c'est-à-dire le vice-commandant devenu commandant dépêcha 10 membres du groupe et lui-même à la poursuite de nos évadés avec, la ferme intention de les faire subir la pire des morts.

Ils s'armèrent d'armes, de machettes etc. Bref, de toutes armes possibles et se lancèrent à leur trousse.

Nos deux fugitifs, une fois dans la localité de **MOMO** dans la nuit tombée, ne s'arrêtèrent pas là et continuèrent toute la nuit leur chemin vers Bamenda avec une peur inuit au ventre.

Quand leurs poursuivants arrivèrent à la lisière de la forêt, ils se répartirent en deux groupes avec la même intention de les exécuter une fois qu'ils les verront. Après près d'une heure de recherche, le chef de la bande comprit qu'ils n'étaient plus dans la zone de **LEBIALEM** et demanda à ses troupe de continuer la poursuite de nos amis vers **Bamenda** car, pour lui, il ne voulait point être livré à l'ennemi par ces deux-là !

Mais c'était peine perdu car, nos amis venaient 45 minutes plus tard d'atteindre la ville de **Bamenda** chef-lieu de la région de **l'ouest** Cameroun.

Arrivés, ils cherchèrent la première brigade en vue et se dirigèrent vers elles de manière précipité et se couchèrent à même le sol déposant leurs armes en avant. Les forces de l'ordre en présence vinrent auprès d'eux, firent tout le protocole de sécurité pour se rassurer qu'ils n'étaient point un danger pour eux et la brigade.

Après cette étape protocolaire, les deux personnages furent mis à la disposition du commandant de brigade après qu'ils aient déclaré avoir été des **sécessionnistes.**

Ils furent dirigés dans le bureau du commandant donc et ce dernier leurs demanda le pourquoi ils avaient décidé de se rendre et de déposer les armes ? Ils ouvrirent leurs cœurs et à la fin de leurs récits ils sombrèrent en larmes. Le commandant leurs demanda où, se trouvait le reste de leur bande ? Ils ne se firent pas prier et révélèrent l'emplacement exact de la bande. Puis, le garçon demanda au commandant s'il allait organiser une attaque surprise dans le but d'en finir avec les autres. Le commandant lui répondit : Mais, non mon jeune ami cela, est contraire aux ambitions de l'état et nous, nous devons de tout mettre en œuvre et faire pour que le dépôt des armes se passe sans violence. Il continua en lui rassurant qu'ils essayeront de les ramener à de bons sentiments.

Le garçon et la jeune fille furent rassurés car, pour eux le sang versé était déjà de trop. Et, pendant qu'ils se sentaient plus ou moins soulagés, le garçon se mit à pleurer de nouveau lorsqu'il pensa à ses hommes de l'armée dont il avait endeuillé les familles et stoppé la carrière. L'image de leur inhumation lui revenait à l'esprit et ce n'était qu'un sentiment de regret qui le rongeait les entrailles.

Le commandant une fois l'interrogatoire terminé, il demanda aux deux protagonistes de passer la nuit dans la brigade pour leur sécurité car, il se peut que leurs amis en veuillent à leurs vies. Et c'était effectivement le cas ! Et, ils acceptèrent sans hésiter.

Ils avaient le petit confort nécessaire et se demandaient si c'était un rêve! Pendant cette soirée devant le petit écran plus exactement **le 10 Septembre 2019,** un dialogue National fut convoqué par le chef de l'état appelant les uns et les autres à venir y participer pour la bonne marche et la stabilité du pays.

Les deux amis se regardèrent et se dire d'un seul regard que c'était là, l'occasion ultime à saisir.

Pendant sa nuit, notre jeune homme ne cessait de rêver de ses parents et de leurs retrouvailles mais, une peur semblait monter en lui car, il se demandait s'ils l'accepteraient après tant de méfaits et de torts causés de sa part. Mais, il avait la ferme assurance que tout ira pour le mieux maintenant qu'il avait cette porte de sortie offerte par le père de la nation. Il commençait déjà à appréhender le slogan de ***« la force de l'expérience »*** car, l'expérience n'était pas dans les années de gérance du pays mais, dans l'attitude d'un père qui sait ce qui lui a été légué et à défendre jalousement ***(la paix et la jeunesse fer de lance de la nation).*** La paix avec laquelle on bâtit une nation et ainsi, les mots du refrain de l'hymne nationale prirent tous leur sens pour **Eraser** qui, comprit que ce n'est pas une langue officielle qui, fait de lui ce qu'il est ou, le désir de fédéralisme et autre désir de vengeance précaires qui, feront de sa patrie une solide nation mais, c'est l'union des cœur et le désir de corriger les erreurs subits ou les dérives de nos pères qui feront de son pays ; un pays solide prêt à affronter les échéances avenir. Enfin il comprit qu'un rêve se bâtit si et seulement si on y croit et qu'on ose dans le bon sens du terme pour le réaliser et le rendre réel.

Au petit matin, ils furent présenté à un membre de la commission de réinsertion des gens comme eux dans la société qui, leurs déroula le programme à suivre. Programme qu'ils acceptèrent.

En fait, il était question pour eux de voir un psychiatre qui se chargera de leur reconstitution mentale en essayant de retirer le leur esprit le mot culpabilité et insérer celui de personne vulnérable et victime de manipulation. Ils devront aussi passer quelques examens cliniques autres que celui-là. Ensuite, il sera question de voir comment trouver un boulot pour eux ceci dans le but de les éloigner de l'oisiveté et des rapaces prêt à fondre sur des innocents comme eux.

Quelques jours plus tard, nous étions enfin proches du grand dialogue national et nos amis furent demandés de se rendre dans les locaux du premier ministre chef du gouvernement pour, lui faire part de ce passé qu'ils avaient abandonné derrière eux et de voir comment leurs faire passer le jour-j au grand dialogue national prévu précisément pour 5 jours en directe sur les antennes de **la CRTV** ***(la Cameroon radio television)*** qui se trouve toujours au cœur de la nation et l'édifie au jour le jour.

Le jour de leur acheminement vers la capitale politique du pays, nos amis, transportés par le biais d'un des fourgons de l'armée se sont fait attaquer par un groupe ami de ceux dont-ils avaient fait faux bon.

Le fourgon au sorti de la ville, reçu une vague de tires à la mitraillette et, son chauffeur fut touché balançant le fourgon avant son dernier soupir vers la droite. Les quelques militaires qui y étaient là pour, les escorter plus exactement 6 (six) se mirent en formation de protection. Ils mirent le jeune homme et la jeune fille derrière eux et 4 soldats se chargèrent de couvrir les arrières des autres qui, étaient censés mettre les deux personnages en lieu sûr.

Des tirs retentissaient dans l'atmosphère et, pendant l'échange qui devenait cauchemardesque pour les deux recherchés, 5 soldats furent abattus et le dernier dans un désespoir qui le gagnait déjà, demanda aux deux amis à escorter de prendre les armes pour sauver leurs vies à tous.

Le jeune **Eraser** et **Faucon** hé oui ! Elle se nommait bel et bien **Faucon** car, elle pouvait abattre un individu d'un seul coup de fusil et avec, une précision chirurgicale et pouvait en outre voir une personne cachée dans les buissons aussi facilement que son pseudonyme à elle donné. Alors, ils n'ont même pas eu le temps de réfléchir ; ramassèrent les armes de deux de ceux qui ont été abattu et tirèrent sur leurs assaillants.

Faucon abattit sur le champ 4 de ces individus cagoulés et quant à **Eraser** il en abattit 3 et, dans cette ambiance de poudre, les deux amis et le soldat qui restait de leur escorte, se faufilèrent dans la végétation d'arbres en béton pour se trouver un abri sûr.

Une fois dans une vieille construction inachevée, le jeune homme demanda au soldat d'alerter les forces de défense disponible pour, leurs prêter main forte et repousser avec hargne ces brigands sans foi ni loi. Le soldat vit que c'était une merveilleuse idée et au moment où, il chercha à appeler des renforts, il se rendit compte qu'il avait laissé tomber son transmetteur ou talkie-walkie si on peut le dire ainsi près du champ d'échange de tirs.

Eraser, prit son courage à deux mains et se proposa d'aller le récupérer. Il se fit volontaire par le simple fait qu'il savait que cet-appel était leur seul ticket de vie et d'espoir pour sortir de cet-enfer. Alors, dans un courage à nul autre pareil, il prit son arme et alla à pas de loutre à la recherche de l'appareil espoir de vie.

Une fois près du lieu en question, il vit le talkie-walkie posé tout près du corps d'un des soldats abattus et, en levant la tête, son regard balaya l'horizon et il vit une silhouette ennemie qui, lui tournait le dos mais, il la reconnu car, c'était celle de son vice-commandant. Hé merde ! se dit-il. Comment vais-je faire, pour être en possession de l'appareil ? Se demanda-t-il. Après un bref « notre père » et un « je vous salue Marie », il saisit fermement son arme en le pointant vers l'avant ; s'approcha de son ex-compagnon qui avait toujours le dos tourné, ferma les yeux et tira. Une fois le coup parti, il ouvrit les yeux, s'en saisit de l'appareil et, se mit à courir tellement vite qu'il ne pouvait même plus entendre sifflet les balles des assaillants qui fusaient de part et d'autre.

A eux de dire : ***« na he ! Na he… »*** Comme pour dire : ***« le voilà ! C'est lui, le voilà ».*** Et, ils se mirent aussitôt à le poursuivre tout en tirant mais, la chance sait faire les choses à sa façon qu'il réussit à les semer et à revenir retrouver Faucon et le soldat rescapé. Arrivé au près d'eux, le soldat lui demanda combien d'assaillants avait-il dénombré ? Il lui donna le nombre **20** et rapidement le soldat en déduit le total à **35** puisqu'ils en avaient abattus **15** ses camarades et lui et maintenant **16** si l'on compte le fameux vice-commandant liquidé quelques minutes plus tôt par **Eraser** notre jeune ami. Le soldat ne perdit plus la moindre seconde et informa aussitôt la haute hiérarchie de ce qu'ils étaient en train de vivre à l'instant et, celle-ci, c'est-à-dire la hiérarchie informée dépêcha deux fourgons blindés bondés de 10 soldats chacun pour, aller à la rescousse.

Une fois sur les lieux, les soldats appelés en renfort, tirèrent sur les brigands troubles faits de la paix et de l'ordre public en maîtrisant aussitôt ces fameux individus.

Ils firent **10** prisonniers et abattirent les **9** autres ramenant ainsi le calme dans la zone ceci, après un échange de coups de feux qui dura **4 heures** de temps depuis bien-sûr le tout début.

Le calme revenu et la sécurité aussi, **Faucon** et **Eraser** notre ami, furent transportés vers la capitale par l'un des deux fourgons appelés en renfort et le voyage se déroula s'en aucune autre turbulence.

Arrivé quelques heures plus tard dans la cité capitale, les deux amis furent amenés dans un hôtel de la ville pour évidement se remettre de leurs émotions fortes et, se préparer le lendemain matin à la rencontre avec le premier ministre chef du gouvernement.

Dans le fameux hôtel, ils eurent droit à un traitement digne de ce nom car, au Cameroun, tout homme, femme ou enfant a des droits quand bien même il serait de l'autre côté du mur et, nos deux rescapés avaient à nouveau des droits et des devoirs citoyens car, ils ont déposés les armes et sont revenus à la raison même comme les blessures qu'ils ont infligé aux autres resteront certes ouvertes dans leurs mémoires mais, c'est le présents qui était, à chérir pour retrouver une nation solide pour, le politique, pour le peuple qui, avait besoin de retrouver le chemin des écoles pour ce qui est des élèves et étudiant, de retrouver la chaleurs d'une mère pour ce qui est des enfants, de retrouver la liberté vraie, un pays un et indivisible et un héritage à défendre pour ce qui est des citoyens et des **jeunes sécessionnistes manipulés.**

Alors, tout en sachant qu'ils avaient fait tant de mal autour d'eux, ils étaient près à tout pour aider le pays à panser les plaies et à avancer main dans la main vers une stabilité parfaite et un développement durable pour, un héritage digne à léguer aux enfants du pays en particulier et africain en générale « celui de la paix » et au chef de l'état père de la nation tout entière de dire du haut de la tribune des nations unis que nous devrions être des mendiants de la paix.

Nos deux compagnons eurent le sommeil un peu agité mais, finirent par s'en dormir avec la ferme assurance que tout était enfin terminé et que la vie pour eux allait reprendre son cour normal.

Mais, c'était plus ou moins vrai car, c'était le début d'une tout autre aventure. Peut-être pour **Faucon** dont le vrai nom était **Mandema,** la vie allait reprendre son cour mais, en ce qui concernait **Eraser** elle allait prendre une tout autre tournure.

Laquelle ? Eh bien ! Essayons de le découvrir ensemble.

PARTIE VI

EN ROUTE VERS UN TOUT AUTRE DESTIN

Au petit matin, nos deux amis furent réveillés par la femme de chambre. Précisons qu'ils ne couchaient point dans la même suite. Ils se retrouvèrent bien après dans la salle à manger de l'hôtel et prirent un petit repas ceci bien –sûr après s'être au préalable débarbouillés.

La petite bouchée prise, ils se vêtirent et furent escorter vers les locaux du premier ministre pour, une audience dans le cadre du grand dialogue national convoqué par le chef de l'état.

Quelques minutes plus tard, ils étaient dans les locaux du premier ministre chef du gouvernement qui, les reçu après avoir terminé une audience accordée aux hommes religieux car, Dieu avant tout dans toutes choses qu'on désire faire et établir et cela en était le cas pour cette audience un peu spéciale.

Ceci, ne suppose point que celle de nos amis n'était guère importante au contraire ils étaient la preuve vivante que l'état n'est point ce monstre froid que certains décrivent mais qu'il est aussi le meilleur des alliés quand on se décide à cheminer avec lui pour, mieux bâtir et conserver les valeurs chères à léguer à nos enfants demain et fruit d'une lutte fragilement gagnée.

Voilà, nos deux personnages devant le premier ministre qui, les a conviés à bien vouloir prendre place et à se mettre à leur aise. Ce qu'ils firent sans complexe car, ils se sentaient à la maison.

Le chef du gouvernement, leurs demanda de bien vouloir s'exprimer sans gêne et d'ouvrir leurs cœurs à la nation le moment venu et, de demander humblement pardon. Ils l'écoutèrent avec la plus grande attention et ce dernier au bout d'une audience de 45 minutes maximum, les confia aux groupes de personnes sensés leurs apporter toute l'aide possible pour pouvoir avoir une insertion harmonieuse et efficiente dans la société.

De retour dans leur hôtel, ils furent très surpris de l'accueil qui leur a été réservée par le chef du gouvernement en qui, ils ont vu une simplicité sans pareil et le parfait reflet des idéaux de la république.

Le temps s'est échelonné aussi rapidement que le jour de pardon à la nation arriva aussi vite tel un épervier qui fond sur sa proie.

Alors, nous y voilà. Le protocolaire avait été mis en place et chacun savait de quoi il était chargé d'accomplir ou de faire pour la bonne marche en direct de ce grand évènement aux allures de première dans le monde ! Le dialogue débuta et, toute la nation retenait son souffle avec la curiosité au ventre de savoir ce que les travaux en ateliers si, on peut le dire ainsi, avaient produits de meilleure pour tous.

Mais la question majeure qui préoccupait les uns et les autres était celle de la crise et de l'insécurité existante depuis un certain temps dans les régions du **Nord-ouest** et du **Sud-ouest** du pays sans oublier bien-sûr celui de la décentralisation et bien d'autres encore mais, nous étions dans l'attente d'une bonne résolution de cette crise dans les deux régions de l'ouest du pays.

Ce dialogue avait été programmé pour une durée de 5 jours et, pendant cette période fatidique, il était question de comprendre et de trouver des solutions adéquates.

Le troisième jour de cette grande cérémonie, **Eraser** et **Faucon** eurent l'opportunité tant espérée et attendue d'ouvrir leurs cœurs et de demander pardon à la nation entière pour, leurs actes ignobles.

Ils entrèrent dans la salle, marchèrent vers l'estrade qui, les attendait pour prendre parole. Cependant pendant cet acheminement vers l'estrade en question, notre jeune ami marchait avec des interrogations pleines dans la tête. Il se demandait ce que les citoyens, le peuple Camerounais penserait de lui après ses déclarations ? Sera-t-il réellement pardonné où encore pourra-t-il vaquer à ses occupations après tout ceci ; sans être l'homme à abattre ? Etc.

Il évoluait dans la salle avec une peur bleue à tel point qu'il, avait l'impression que son estomac allait lui sortir par la bouche. A peine relevait-il la tête pour voir où, il se trouvait déjà, qu'il vit les micros se présenter devant lui. Il eut le traque mais voyant **Faucon** à ses côtés lui faisant des signes d'encouragement qu'il ouvrit la bouche sans même s'en rendre compte et se mis, à résumer son histoire ; leur histoire plus ou moins commune.

La salle fut abasourdit et ne se rendait pas compte de ce qui se disait devant eux. Le jeune garçon se sentait mal à l'aise et se demandait le pourquoi se silence de mort dans la salle ? avait-il dit ce qu'il ne fallait pas ? Était-il vraiment devant ses pères, mères et frères ? Il était totalement apeuré et **Faucon** n'en faisait point l'exception.

Quand ils eurent terminés leurs histoires respectives, la salle resta toujours dans un mutisme très troublant mais, au bout d'un temps dans cette atmosphère suffocante, des applaudissements retentirent dans l'immense salle et à cet-instant précis, le jeune homme fondit en larme car, dans son cœur il s'entait cette chaleur paternelle, fraternelle et amicale qui le submergeait. Faucon son amie le prit par la main et ensemble ils descendirent l'estrade dans cette univers chaleureux quand soudain, survint dans la salle un autre groupe de jeunes gens qui, venaient également laisser tomber les armes de frayeurs, de mutilations, de viols, de casses et de désordres diverses.

Après ce moment fort de l'histoire de la nation, le dialogue se poursuivit et nos jeunes citoyens à moitié convertis ne perdirent pas la moindre miette de ce grand moment.

A la fin de cette phase de la vie de la nation, notre jeune **Eraser** eu une audience à lui accordée par la première dame et mère de la nation qui, dans son cœur de mère immense comme la mer avait décelé en lui un jeune près à tout pour une paix durable et qui, ne cesserait jamais de se battre et de prohibé avec la dernière énergie les tares sociales et les atrocités que subissent les jeunes non seulement au Cameroun mais un peu partout dans le monde.

Quand il se retrouva face à cette grande femme parfaite symétrie de son époux, il se dit dans son introspection : mais où suis-je ? Est-ce moi ou un autre ? Que va-t-il se passer…

A sa grande surprise l'entretien fut très chaleureux et il lui fut proposé de devenir le porte-parole de la jeunesse dans le but de faire connaître à ses confrères l'immense cadeau qu'est la paix sans, oublier l'unité d'une nation comme les doigts de la main car, ce n'est que comme ça qu'une nation peut être forte et se bâtir. Sa voix pourrait mieux faire comprendre aux autres que la drogue et autres petits méfaits ne mènent qu'à la ruine de l'âme.

Il accepta avec beaucoup de joie sa petite voie intérieur lui dit maintenant sache te rendre utile et devient cet-enfant que tes parents ont dans leurs mémoires.

L'audience ne dura que quelques minutes et sachez le faucon était aussi de la partie et était censé le secondé dans ce chantier et opportunité à eux offert.

La feuille de route libellée, le jeune homme et son amie se dirigèrent vers le grand Nord dans le cadre d'une campagne de sensibilisation des grossesses précoces et indésirées ajouté à cela un rappel sur les maladies et infections sexuellement transmissibles.

Ah ! Comme la nature sait bien faire les choses. Vous me demanderiez pourquoi cette affirmation eh ! bien c'est tout simplement que notre ami ne s'avait pas que le lieu où il faisait sa sensibilisation des mœurs se trouvait une jeune fille qui avait subi ; un cas de viol qui l'avait traumatisé parce qu'elle fut enceintée et se retrouva en charge d'un gosse de 2 ou 3 ans qui n'a point connu son géniteur biologique jusqu'à ce jour.

Quand elle prit la parole pour raconter son histoire, notre jeune homme avant la fin de l'histoire eu des larmes aux yeux car, l'auteur de ce méfait n'était personne d'autre que lui-même.

Il revit toute la scène dans sa mémoire et se leva de son siège, se dirigea vers la jeune fille et lui demanda de bien vouloir venir à la réception donnée à l'honneur des victimes et lui accorder un instant d'attention et d'écoute.

Elle accepta mais, ne s'avait point le pourquoi elle avait droit à cette attention particulière quand d'autres comme elle ; avaient faites des témoignages sur le même sujet.

Le moment de la réception était arrivé aussi vite qu'il avait été proposé et, notre garçon se dirigea vers la fille en question et lui demanda de bien vouloir faire quelques pas à l'extérieur prétextant qu'il voudrait mieux comprendre les difficultés que la damoiselle en dure au jour le jour à cause de cet-acte traumatisant et ignoble.

La fille fut très flattée de se retrouver face à un vrai gentleman et accepta la petite balade. Elle se libéra sans omettre le moindre détail. Après son récit plus détaillé, le jeune homme vint à la tenir le bras chose qu'elle ne comprit pas car, voyant et trouvant cela très étrange.

Elle demanda au garçon en question ce qui la prenait il, se mit à pleurer et lui avoua son identité passé. La damoiselle ne s'énerva pas car, elle voulait comprendre et entendre les raisons de son comportement qu'elle ne trouvait pas honorable.

Il remercia le ciel de l'attitude de la fille et lui narra toute ses mésaventures. Il demanda pardon à la jeune fille et lui proposa de faire d'elle son épouse parce qu'en fait il ne supportera pas de laisser son fils grandir dans la connaissance de cette histoire affreuse de sa conception et, voulait lui offrir une autre réalité et à sa mère la paix du cœur.

Cependant, il savait que cela ne serait point chose facile car, c'est une blessure très profonde. La jeune fille lui demanda un peu de temps pour sa réflexion. Il, l'accorda ce temps et lui dit qu'il, était en principe dans la localité pour une période de 2 semaines. Elle trouva ce temps suffisant pour, voir clair dans son esprit.

Le temps passa aussi vite que les retrouvailles que, vint enfin le moment de vérité. Le jeune homme tremblait de l'intérieur telle une feuille brassée par le vent et se demandait s'il fera l'objet d'un pardon qui, à ses yeux serrai divin, un grâle car, c'était là l'autre tournant majeur de sa vie.

Quand la jeune fille l'appela et lui proposa de venir la retrouver dans un lieu calme où, selon elle les mots auront tous leurs sens et leur place ; il accepta si rapidement et aussitôt le **« oui »** sorti de sa bouche qu'il se précipita au lieu indiqué par la damoiselle.

En fait, c'était un endroit en plein air parsemé de quelques bancs-publics et où, bon nombre de personnes venaient discuter, batifoler et se dire des **« je t'aime »** pathétiques. Quant à nos jeunes amis ils venaient là pour prendre des décisions importantes pour, la suite du roman de leurs vies respectives.

Vers **19h00** du soir, le garçon retrouva la fille qui était là, assise de dos leur fils conçu dans la violence assit près d'elle attendant impatiemment la venue du géniteur qui en fait, était déjà là depuis un bon bout de temps et observant la scène qui, l'émouvait tellement et le laissait espérer un dénouement heureux.

C'est le moment d'y aller se dit-il et, sans perdre la moindre minute de plus il arriva à sa hauteur et lui tapota l'épaule. Elle se retourna, le vit et esquissa un bout de sourire signe qui, laisser croire à notre garçon que tout se passera bien.

Bonsoir dit le garçon ;

Bonsoir rétorqua la fille.

Alors as-tu réfléchis à propos de ma proposition

Oui et je me dis...

Le jeune homme resta comme suspendu aux lèvres de la jeune fille espérant de tout son cœur une réponse positive.

Et alors ! demanda-t-il les yeux aux bords des orbites.

Alors j'accepte ta proposition car, j'ai vu en toi de la sincérité et, je me suis dit que tu as été juste la proie des loups de ce monde qui, se sont servis de ta naïveté et de ton innocence pour, te vider de tous sentiments nobles et du respect d'autrui dans sa pudeur et de ce qui fait son humanité.

L'humanité nous renvoie ici sachons le aux éléments identitaires d'un individu, d'un groupe qui, ont été foulé du pied par notre jeune ami et beaucoup de ses compères. Parmi ces éléments nous noterons l'irrespect des autorités établis par le peuple et des valeurs morales qu'ils incarnes comme la cohésion sociale, le dialogue face aux maux épineux et surtout le brassage culturelle preuve d'un vivre ensemble qui doit être palpable signe d'acceptation de l'autre... nous saurons omettre l'atteinte aux droits de l'homme qui par leur côté sanguinaire n'avaient plus de sens à l'endroit de leur personne.

Alors la jeune fille venait de pardonner les dérives de notre garçon qui, était dans une joie sans pareille. Cependant, une chose venait d'être faite mais, beaucoup restait à faire.

Il fallait maintenant pour, le jeune garçon ; s'en retourner dans son petit village car, il pouvait enfin mesurer le poids de son absence auprès de ses géniteurs.

A la fin de sa campagne de sensibilisation, il demandât à sa compagne sa main dans les règles coutumières de la tribu **Foulfouldé** à laquelle appartenait la jeune fille.

Ceci se déroula sans embûche et, notre jeune ami pu apprécier toute la splendeur des us et coutumes de sa victime maintenant devenu sa dulcinée. Comme elle peut avoir de drôles de virements de situations la vie !

Le destin nous joue tellement de vilains tours que, nous semblons être des proies prisonnières de ses toiles dont, seul le Dieu créateur en est l'Artisan. On n'essaye parfois tant bien que mal de le modifier selon notre volonté mais en vain. C'est à mon avis, un fait établi que le divin nous attire interminablement vers les notions fondamentales d'amour, de paix, d'entraide, de pardon, d'équité, de partage… éléments fondant selon la divinité suprême ; l'être idéal de demain plein d'amour et de compassion envers autrui. Cela, nous fait dire que nous paraissons ne point être les maîtres de notre destin mais en fait, l'obéissance en ces notions fait juste basculer notre carmas vers une réussite et un développement solide de notre personne, personnalité et de la société dans laquelle nous sommes appelés à évoluer. En outre, le simple fait de basculer vers le contraire de ses idéaux du divin fait également dériver notre devenir vers le côté sombre et, à ce moment précis nous nous mettons à dire : « le monde ne me ou ne m'a fait aucun cadeau… ». Nous accusons de ce fait tout le monde de notre situation plus ou moins déplorable en oubliant que dans chaque sphère de vie l'inégalité y règne mais si l'on se donne les moyens de préserver l'amour, la paix et autres des opportunités peuvent se présenter à nous si et seulement si la patience et le respect de l'autre dans son ensemble guide nos actions.

C'est cela que notre jeune ami et ses frères qui ont déposé les armes ont compris et surtout ils ont appris qu'une nation, une société n'est point forte dans le sang et la violence mais dans l'union et le désir d'être l'une des pierres de l'immense bâtisse que j'appellerai ici un pays, un Etat développé, indivisible et de droit.

Nous semblons ne pas être les maîtres de notre destin mais en fait nous le sommes par le simple fait qu'on peut réellement le modifié selon nos actions et nos pensées.

PARTIE VII

UN RETOUR TANT ATTENDU

Notre jeune **Eraser** venait si on peut le dire de retrouver ses marques avec non seulement le pardon à lui accordé par sa compagne inespérée mais également par l'Etat qui a su le prendre en charge, faciliter son insertion sociale et d'une certaine manière l'offrir une vie.

Cependant une idée voire une préoccupation le turlupinait engendrant une petite frousse dans son moi.

Ce soucis, était en fait celui du comment rentrer dans ses terres natales et ne former qu'un avec son géniteur et sa génitrice car, ces derniers ne cautionnent guère une union avec d'autres tribus que la leur.

Notons que sa compagne **Foulfouldé** d'origine ne pouvait guère entrer dans les bonnes grâce de ses parents ajoutons à cela que le paternel du jeune garçon est un homme plutôt « carré » si on peut utiliser ce terme pour peindre un homme dur semblant parfois souple mais, ne permettant point certains égards et ouvertures à l'extérieur. C'est un homme qui a ce problème d'acceptation des autres à part ceux de sa propre ethnie que si nous rentrons au préambule des aventures de notre ami, nous pourrions mieux le comprendre avec les conseils à lui donnés par ses parents.

Le jeune homme était si préoccupé qu'il en parla à ses beaux-parents **Foulfouldés** qui lui tinrent un langage, un raisonnement plutôt rassurant. Soutenue par sa compagne, ils se décidèrent d'aller à la rencontre de leur nouveau destin et d'affronter fièrement l'ancienne génération aux idéaux figés.

La jeune fille et son partenaire quittèrent la localité un jeudi matin en direction de la cité capitale. Après, la longue route vers la capitale et, une fois à destination, les deux tourtereaux après un repos mérité se rendirent au CERAC (cercle des amis du Cameroun) et dans d'autres ONG humanitaires pour, rendre la copie noircit de leur rapport sur la campagne de sensibilisation menée dans l'Extrême Nord du pays.

Une fois cela fait, ils eurent une autre mission de sensibilisation sur les violences faites aux femmes. Après avoir pris connaissance de la mission, il confia à la hiérarchie en place la position voire la place prépondérante que peut occuper sa compagne dans le bon déroulement de cette nouvelle campagne de sensibilisation au vu de ce qu'elle avait vécu et qui ne rechigne point pour dire et prohiber haut et fort toutes formes de violence à l'encontre de la gente féminine.

Ils acceptèrent avec le plus grand plaisir qu'elle soit cette voie cachée qui maintenant doit se faire entendre.

Il est important de mentionner que cette nouvelle campagne devait avoir lieu dans deux régions (**l'Est et l'Ouest**) dans la zone Est du pays, il a été facile de débiter des mots forts mais, à l'ouest ce fut une épreuve de courage terrible pour notre jeune homme qui, vivait comme un film d'horreur ses agissements malsains et se demandait déjà si cette campagne sera couronnée de succès.

Néanmoins, il s'arma de courage et se rendit dans la zone en question. Il fallait plus précisément couvrir les localités de **Bamenda**, de **Buea** et du **LEBIALEM**. On peut donc aisément comprendre son angoisse de s'y rendre.

Une semaine après avoir pris leur courage à deux mains ils décidèrent de s'y rendre dans la région de l'ouest plus précisément dans les localités indiquées plus haut.

Tôt le matin c'est-à-dire au moment du départ, ils firent le « Pater Noster » et quelques « je vous salue Marie » pour, avoir la protection divine et que tout se passe pour le mieux pour eux.

Dieu avait désormais une place primordiale dans leurs vie car, les ayant montré sa puissance en leurs sortant de tant de péripéties et en les rapprochant. Ainsi, ils se sentaient investis d'une enveloppe protectrice d'un grand fétiche plus puissant que tout autre et étaient dès lors confiant que tout se passerait bien et sans encombre.

Ils finirent par prendre la route dans la soirée et arrivèrent le lendemain matin dans la ville chef-lieu de la région du **Nord-ouest** que j'ai nommé **Bamenda**.

Ils prirent un motel et durant toute la nuit, ils préparèrent leur plan d'action, les mots qu'il faut émettre et surtout d'essayer de s'homogénéiser à la société cible.

Au petit matin, malgré le froid de Sibérie qui recouvrait la ville, l'équipe de campagne se mobilisa pour, tout d'abord faire une caravane permettant de faire comprendre aux uns et aux autres qu'il y'a une campagne où, tout un chacun est invité à s'exprimer sur la question du pourquoi les femmes sont-elles des proies facile aux actes de violence et à cela s'ajouterait une préoccupation majeur à mon avis qui, est celle du pourquoi la violence et que nous rapporte telle ?

Pendant cette caravane de mise en bouche, notre équipe de sensibilisateurs était escortée par les forces de l'ordre signe que les apparences étaient réellement trompeuses du simple fait que certains jeunes citoyens n'avaient pas encore compris qu'il fallait déposer les armes et bâtir un pays solide et unis. Ils étaient encore dans une caverne et avait besoin de lumière pour, mieux comprendre que leur pays souffre par leurs actes et qu'il les appelle pour, ne pas le mettre en lambeaux mais plutôt le bâtir. C'est vrai que ce n'est pas chose aisée cependant, est-il vraiment nécessaire de mutiler, détruire des familles, rendre des enfants orphelins si en eux on inculque et enseigne la notion de fer de lance de demain ? Pensons-nous réellement vouloir avoir le visage d'un meurtrier, d'une sanguinaire aux yeux de nos fils et petits-fils sous prétexte que je voulais qu'on me comprenne ? Comment se comprendre dans la barbarie, la haine et la violence là où, nous avions bataillé et perdu de valeureux compatriotes qui, ont eu le souci d'avoir un pays unis, solidaire et indivisible !

Pourrions-nous avoir le courage de regarder notre fils, petits fils et arrière-petit-fils dans les yeux et de lui dire si ton pays est et se déchire aujourd'hui j'en suis l'un des artisans et lui donner une argumentation banale sur nos motivations ! Non était la réponse forte de nos jeunes amis et de l'équipe qui les accompagnait dans cette sensibilisation lourde.

Après, la journée de mise en bouche était venu celle de la sensibilisation proprement dite.

Dans l'immense place de fête de la localité, des hommes, des femmes et des enfants se sont regroupés formant une véritable marée humaine. C'était incroyable de voir tant de monde tous réunis pour un seul et même intérêt celui d'écouter le message à eux destinés.

Ce qui était encore plus miraculeux si on peut le dire ainsi c'est tout simplement le calme qui a régné durant tout le temps de sensibilisation (2 jours). Cela faisait comprendre à notre jeune ami et à sa compagne que le gros du message était passé car, ils s'attendaient à des émeutes, des crises de colères de la part de leurs frères Camerounais mais, ils ont plutôt reçu des reconnaissances d'eux.

Une fois la campagne terminée dans la zone de **Bamenda**, l'équipe se rendit dans les autres localités en l'occurrence **Buea** et le **LEBIALEM** et cela se soldat par les mêmes actions.

Satisfait de leur travail l'équipe rentra avec la ferme conviction qu'ils avaient changé des mentalités et réduire au moins les tendances violentes des hommes chez certains de leurs semblables.

N'oublions pas de mentionner qu'ils étaient tout de même escorté mais bon ! L'objectif était atteint et grâce à eux des mentalités changerons et si on peut le dire la notion de paix prendra enfin tout son sens dans les agis des uns et des autres.

Enfin de retour se disait **Eraser** ! Oui, enfin le retour car, il allait pouvoir maintenant s'occuper de son bonheur lui qui, avait erré depuis ses **14 ans** à vouloir se faire un nom dans son pays et dans la société ; allait enfin mener un autre combat celui de changer les conceptions carré de la vie ensemble de son paternel et de sa mère.

Cependant, il ne savait pas que son père venait de le voir dans les antennes de la **Cameroon Radio Television** (CRTV) qui, est toujours au cœur de la nation et avait déjà plus ou moins le briefing de ce qu'il était devenu et de ce qu'il a traversé ainsi que de l'apparence de sa compagne au vu du récit émouvant de cette dernière.

Une semaine plus tard, nos jeunes tourtereaux se décidèrent ; à se rendre chez les parents du jeune homme histoire de faire connaissance et de taire les tabous.

Deux jours plus tard, ils prirent la route pour le **Sud Cameroun** plus précisément à **Ebolowa** chef-lieu de cette région. Une fois arrivés, le jeune homme alla d'abord se recueillir auprès de la tombe de sa tendre tante qu'il aimait tant et qu'il gardait chaleureusement dans un coin de son cœur. Sa compagne était là pour l'épauler dans cette épreuve douloureuse et difficile. Après, avoir terminé son recueillement il prit une chambre dans **l'hôtel ABBA** où, ils firent près de quatre jours car, le jeune homme avait besoin d'une préparation mentale avant d'aller dans son petit village affronter ses parents et leurs idéaux figés.

Le jour –j arriva enfin et dès son arrivé dans son village natal, ses frères, ses sœurs et ses parents ne le reconnu point. Son père était à moitié couché sur une chaise à bascule et quant à sa mère elle se tenait devant la porte de sa vieille cuisine et, ils avaient tous la même interrogation au bout des lèvres : « mais qui sont ces gens qui descendent juste devant l'entrée de notre concession ? ».

Le jeune homme resta un moment devant l'entrée de la concession de son père après que le chauffeur de brousse eu descendu les bagages de sa vieille **TOYOTA 92** de couleur grise.

Il resta là, près de 35 minutes en compagnie de sa compagne et de leur fils quand soudain sa mère fondit en larme car, elle l'avait reconnu. Elle laissa tomber son panier de grains de maïs sec et se précipita vers son fils en l'appelant haut et fort : « hé Yeh !!! **MIANE** mon fils est de retour oh ! ».

A, ce moment précis, son père s'assit correctement et regarda plus attentivement vers la route. Quand il vit la compagne de son fils il comprit immédiatement qu'elle venait d'ailleurs à travers son accoutrement et détourna son regard ignorant complètement son fils.

Celui-ci connaissait les origines de cet-attitude et demanda calmement à sa compagne de le suivre sans dire mot. La maman conduisit son fils et son invité dans l'un des appartements de la concession et leur demanda de s'installer à leur guise.

Une fois installés, **MIANE**, vint près de sa mère et présenta la jeune fille et son fils en lui narrant les origines de la jeune fille car, c'est une étape indispensable avant de prendre pour épouse une femme histoire de vérifier la consanguinité et d'inviter l'inceste entre deux être qui disent vouloir s'unir. Sa maman l'écoutait attentivement et à la fin des présentations elle lui dit : ton père ne l'acceptera jamais elle n'est pas de notre ethnie pour lui elle est une étrangère et ne s'aurait bien lui faire un **met d'arachides**, du bon **Kpwem** ou même connaitre à quel moment lui servir un bon verre de **mendim me zõng** ! Elle rajouta que chaque peuple où société a ses réalités, ses propres coutumes et ne s'aurait les partager avec des étrangers. Le garçon répondit en disant à sa maman que cela était certes plus ou moins normal mais, que cette situation, cette attitude de se renfermer sur soi est une source de beaucoup de problèmes comme par exemple le développement d'un tribalisme qui, poussé engendre parfois des excès frôlant la xénophobie envers les autres. Il rajouta que ne pas s'ouvrir au autres et les accepter comme nous nous acceptons est un grand handicap non seulement pour notre développement mais aussi pour notre propre connaissance car, le fait de partager avec les autres ce que nous avons-nous permet de mieux se comprendre et de mettre en place les mécanismes de paix durables. Sa maman le regarda et s'exclama : où as-tu appris tout ceci mon fils ! Son exclamation était justifiée par le simple fait qu'elle pensait avoir encore devant elle ce petit garçon rêveur limité par un simple **CEP**.

Sa mère après cet exposé de son fils se retourna vers la jeune fille et lui demanda si elle n'est point gênée de vouloir s'unir à son fils venant d'une notre ethnie que la sienne ? Sans hésiter, elle répondit oui !

Alors, la femme proposa à son fils de soutenir leur union et de tout enseigner à la jeune fille et faire d'elle une femme qui, sera sans reproche et imprégnée de leurs us et coutumes. Il remercia sa génitrice et lui demanda de l'aider à convaincre son paternel qui, jusqu'à présent n'avait point adressé la moindre parole à son fils et même à la jeune fille qui l'accompagnait où, chercher à savoir qui était le bambin qu'ils trainaient sous leurs pieds.

Elle accepta et leurs demanda un peu de patience vu que son mari est un homme au caractère très difficile. Deux jours passés à ne point dire mot à son fils ni à sa belle-fille, était source d'inquiétude et même d'angoisse pour les deux tourtereaux qui, se posèrent beaucoup de questions :

- Est-ce qu'il voudra bien baisser sa garde ?
- Jusqu'à quand devrions-nous continuer dans cette atmosphère ?
- Ne voudra-t-il même pas faire table rase de ses convictions rien que pour son petit fils ?
- Ne devrions-nous pas l'ignorer tout simplement et continuer nos vies ?

Autant d'interrogations aux quels seul le concerné pouvait apporter des éléments de réponses et soulager les uns et les autres.

Le jeune homme et sa compagne étaient au bord du découragement quand leur mère leurs demanda de ne point prêter attention et de toujours continuer à faire comme si de rien n'était. C'était pénible mais nos amis tenures le coup jusqu'au jour où, un soir de nuit étoilé, le paternel demanda à son fils de prendre place près de lui sous le vieux baobab qui donnait de l'ombre dans un coin de sa grande cour.

Son fils ne se fit pas prié et s'exécuta promptement. Son père prit du bon vin de palme lui en servit un verre et lui demanda d'où venait sa compagne ? Il répondit : de l'extrême Nord du pays. Son père eu un temps de silence et rajouta par la suite : sa famille la connais-tu ? Il répondit : Oui papa et j'ai séjournée un bon moment avec eux.

Ah c'est une bonne chose ! s'exclama le paternel. Et... peux-tu me narrer les circonstances de votre rencontre et me dire ce que tu as fait pendant toute ta longue absence ?

Le garçon resta un long moment silencieux à essayer de trouver les mots justes pour, se faire comprendre de son père. Il comprenait tout au moins l'une des raisons du silence de mort de son père depuis son arrivé dans le village.

L'atmosphère était devenue pesante et suffocante. Perdu dans ses pensées, il fut ramené parmi les vivants par la voix grave et sèche de son géniteur qui, lui dit : **vas-tu parler Monsieur ?** Il répondit : oui ! Oui ! Papa. Alors, il se lança se disant dans son fond intérieur que les carottes étaient cuites.

Il raconta toutes l'histoire sans omettre le moindre détail et, quand il eut finit, son père le prit dans ses bras tout en larme et lui dit : sois le bienvenue parmi les hommes et dans ta famille.

Ils restèrent ainsi l'un dans les bras de l'autre pendant une bonne vingtaine de minutes. Cela prouvait que même si un enfant semble perdu, il aura toujours des bras qui l'attendrons et des cœurs qui prions pour qu'il soit toujours sur le droit chemin.

En ce qui concernait la situation de sa compagne, son père après ce moment d'émotion intense, lui dit : ta femme je l'accepte car, elle a montré que la paix est une chose à chérir en plus elle a su s'adapter en peu de temps au moins à nos recettes culinaires et montre la volonté de s'intégrer ici chez nous. Quand on la regarde, on ne voit qu'une femme aimante, douce, tendre et se disant qu'ici c'est dorénavant son foyer.

On ne juge pas une personne par sa tribu, son ethnie ou son clan mais, par ce qui fait sa valeur et son comportement sociale. A ces mots, le fils comprit que son père n'était plus depuis bien longtemps cet homme au caractère figé et de fer, borné à ne point accepter autrui ; venant d'ailleurs ou de d'autres horizons.

Il avait enfin compris que s'ouvrir aux autres et de partager avec eux des lambeaux d'histoires était déjà une grande source de richesse et grand pas vers une unicité diamant.

MIANE avait enfin retrouvé une vie normale et avait fait déplacer ses parents à l'extrême Nord du pays histoire de s'unir en bonne éduforme à sa bienaimée autrefois victime de lui. Ah que c'est vraiment drôle cette tournure de la vie !

Les réjouissances furent belles et selon les règles de la tradition **Boulu** et dans le stricte respect de celle du peuple **Foulfouldé**.

Ils est à constater que ce n'est guère la couleur de peau, la qualité de la langue écrite ou parlé et l'appartenance à une tierce tribu, ethnie et clan qui, fait de nous une personne complète mais c'est le fait de s'ouvrir aux autres, de partager avec eux des bribes de notre culture et de vivre en harmonie.

Une société où, règne la violence sous toute ses forme est une société appelée à se rebâtir éternellement dans le sang et où, ne pourrait réellement régner la paix source de développement durable et de prospérité.

Déposer une arme n'est pas signe de faiblesse mais plutôt un signe de compréhension, de courage et de désir de chérir la paix et les trésors légués par des ainés. Avant de daigner poser un acte demandons-nous si vraiment il en vaut la peine et si nous aimerons voir dans les regards de nos enfants une tristesse, une désolation qui les marquera au fer à vie et dont, nous serrons les seuls et uniques responsable.

MIANE l'a compris et a su revenir parmi les hommes censés en déposant son arme qui avait déjà versé beaucoup de sang et sa machette qui avait décapité des hommes et des vies.

SYNTHESE PEDAGOGIQUE

Hubert-Félix EDJO'O ZEH, est né un 13/06/1987 dans la province d'EBOLOWA aujourd'hui capitale régionale du SUD Cameroun. Enfant du département de la Mvila, du village Ngoulessaman appartenant à l'Arrondissement de MENGONG ; il fera ses premiers pas scolaires dans la région de l'est mais, finira par obtenir son certificat de fin d'études primaires et élémentaires (CEPE) à l'école publique annexe groupe II d'AKONOLINGA. Dans cette même localité du centre, il obtiendra son brevet de fin d'études du premier cycle (BEPC). Après presque dix années passées dans ladite localité, il finira par faire tout son second cycle dans sa région natale lieu où, il obtiendra son probatoire en 2007 et l'année suivante son baccalauréat. Hubert-Félix EDJO'O ZEH, une fois après l'obtention de son baccalauréat ira à l'université de Yaoundé I ; va poursuivre ses études dans la germanistique et, après son bref passage dans cette université mère, il chutera à l'ENBIEG d'EBOLOWA où, il finira par obtenir son CAPIEMP (certificat d'aptitudes pédagogiques de l'enseignement maternel et primaire). A partir de cet-instant, dans ses pensées se met à trotter l'idée d'enfance de devenir écrivain au vue des différents problèmes qu'il avait observé pendant sa courte expérience de maître de parents dans le petit village d'AZEM ESSAKOE. Cette idée ne le quitta plus et par une sainte grâce il fit la connaissance de personnes éclairées qui finissent par le soutenir dans cette aventure folle. C'est ainsi que le 13 Avril 2018 que, son premier manuel pédagogique parut dans les éditions l'HARMATTAN CAMEROUN sous l'appellation *« Le Guide de l'enseignant/The teacher's Guide »*.

Face aux divers maux sociaux plus particulièrement de crise, de guerre fratricide, linguistique et même cognitif que connaît la société dans laquelle il vit (le Cameroun berceau de ses ancêtres) ; le jeune écrivain prendra sa plume une fois de plus pour, étayer voire narrer une histoire dont le but est de sensibiliser les esprits juvéniles, de combattre à sa façon les idéaux qui, veulent germer dans les cerveaux des Hommes censés être des prôneurs de paix et maître de leurs états d'inconsciences et d'insouciances.

Son œuvre romanesque du genre dramatique nous peint une aventure à rebondissement et elle, nous fait voyager à travers le Cameroun. Elle nous illustre ici ; des états d'âmes parfois mélancoliques, nostalgiques et haineux que peut avoir un individu au vu de ce qu'il vit dans sa société mais également au regard de ses désirs profonds.

L'auteur veut nous faire comprendre en réalité que nous sommes les propres artisans de nos destinées et non des instruments des desseins des autres.

Pour un développement non seulement matériel mais aussi mental dans le but d'avoir un bien être sûr et plus ou moins permanant ; il faudrait que la base de nos enfants ne soit point faussé et que ; en grandissant nous les octroyons plus que jamais notre attention que ce soit en les écoutant ou en les observant minutieusement évitant de ce fait leurs dérives.

Dérives que parfois nous ne savons pas comment redresser vu que si un roseau se pli le ramener à l'endroit initial est quasi impossible.

L'auteur interpelle vraiment les parents avec un « P » majuscules de faire attention à leurs progénitures qui, se retrouvent souvent consommateurs de stupéfiants, oiseaux de nuit et même semeur de troubles diverses à notre insu suite à de mauvais compères et à la fréquentation des personnages peu recommandable allant de ce fait à juger autrui et le politique de leur situation précaire.

Cela est pour la plus part du temps sans fondement et si tel en est le cas, il est inutile de mutiler, d'enlever, de traumatiser et de stigmatiser les autres ; nos semblables pour, ce dont ils ne sont point coupable mais plutôt de se faire entendre pacifiquement par des voies sobres et légales comme les grèves et les marches pacifiques et autres de ce genre.

L'auteur estime donc que la paix ne se fait pas dans le barbarisme mais le dialogue.

L'œuvre qu'il, nous propose offre des axes pédagogiques et même philosophiques dans la manière d'éduquer, d'enseigner, de se comporter, d'agir, de penser des hommes dans des milieux sociaux qui, sont censées les modeler, leurs inculquer la notion de limite dans leur famille plurielle car, un enfant mal encadré et point écouter, peut devenir un monstre sans foi que nous pourrions engendrer sans le savoir. Ors, notre responsabilité est grande et ne se limite pas uniquement à la sphère familiale mais, à tout un chacun (l'Etat, les organismes internationaux, les chefferies, les administrateurs civils etc...) bref à tous car, un parent n'est pas uniquement le géniteur ou la génitrice mais il est aussi cette société qui, voit grandir un enfant.

L'œuvre de par son titre *« **Demain quel visage** ?»* est très invocatrice car, elle est une question à laquelle chacun peut s'y retrouver et y trouver une réponse adéquate, qui sied à son être originel et façonné.

Ce titre un peu particulier aimerait nous faire prendre conscience de nos agissements ; de ne pas indexer une tierce personne extérieur à nous ou, une réalité quelconque pour, justifier nos agis mentaux, corporels et plus loin métaphysiques.

L'auteur essaye aussi de nous faire comprendre la beauté de l'existence humaine et de l'attachement à certaines valeurs comme la paix, le vivre ensemble, l'amour sur diverses formes (patriotique, fraternel, parental, social ...). Pour lui, écrire ne se résume pas qu'à la dénonciation et à la sensibilisation mais quelque part à un divertissement, au besoin d'amener le lecteur après sa prise de conscience de s'évader, de surfer dans toute la splendeur de l'espace et du temps.

Pour finir, des questions autres que celle principale invoquée demeurent nombreuses et aux hommes ouverts d'esprits d'essayer de trouver des éléments de réponse et à ceux aux esprits commun de suivre le pas par des actions nobles et dignes d'une société civilisée prônant la paix. Cela n'est guère facile et évident mais, avec un grain de volonté l'on peut changer et être maître dans sa propre maison.

BIBLIOGRAPHIE

EDJO'O ZEH Hubert-Félix, ADA Patrick Levant II, *Le Guide de l'enseignant/The teacher's Guide,* Yaoundé, Edition L'Harmattan, Avril 2018, 302 p.

ENGELBERT MVENG, *Balafon*, Yaoundé (Cameroun), Edition CLE, 1972, 132 p.

LEON LE JEALLE (1949-1968) et JEAN-POL CAPUT (1969-1972), *BRITANICUS*, LES NOUVEAUX CLASSIQUES LAROUSSE, Mars 1971, 151 p.

NICOLAS MACHIAVEL, *le prince*, Edition librio, Septembre 2008, 123 p.

AIME CESAIRE*, cahier d'un retour au pays natal,* imprimé en France, Édition présence Africaine, Paris 5e N° 29, 15 Octobre 1973, p 61

ALFRED DE VIGNY, les destinées, LES NOUVEAUX CLASSIQUES LAROUSSE, Octobre 1971, 176 p.

Pixabay.com

wikipédia.com

Http// www.google.cm

Table des matières

PROLOGUE……………………………………………………8

PARTIE I **: Le grand départ……………………………….14**

PARTIE II : **Un vent rude et glacial……………………….22**

PARTIE III **: Un changement radical……………………...35**

PARTIE IV : **Un tout autre visage………………………….46**

PARTIE V : **La terreur au bout des doigts………………..56**

PARTIE VI : **En route vers un tout autre destin………….77**

PARTIE VII : **Un retour tant attendu……………………..89**

SYNTHESE PEDAGOGIQUE…………………………..…102

BIBLIOGRAPHIE…………………………………………..107

Printed by Books on Demand GmbH, Norderstedt / Germany